"En *Los hombres son ostras y las mujeres son palancas* la manera fresca, relevante y humorística en que el doctor David Clarke presenta las diferencias que existen entre ambos sexos será de gran utilidad ,no importa en qué etapa te encuentres en tu matrimonio. Estamos seguros que este libro hará posible una mayor comprensión y mejor comunicación. ¡El mismo es lectura requerida!"

David y Claudia Arp
Cofundadores de *Marriage Alive Seminars* y autores de
10 Great Dates to Revitalize Your Marriage.

"Refrescante, encantador, divertido, práctico -¡TRANSFOR-MADOR!" *Los hombres son ostras y las mujeres son palancas* debe ser leído por todos. ¡No importa el tiempo que una pareja haya estado casada, hay una cosa que este libro puede hacer por su matrimonio —¡mejorarlo! Son muchos los libros que describen cómo mejorar su matrimonio, pero en realidad son muy pocos los que te demuestran cómo aplicar los principios de manera práctica y bíblica. El libro de Clarke lo hace de manera magistral. *"Los hombres son ostras y las mujeres son palancas* es una obra premiada".

Rodney Cooper, Director del programa
Masters Of Leadership, Denver Seminary;
Ex Director Nacional de Educación para
Cumplidores de Promesas.

D1528485

Los hombres son ostras, las mujeres palancas

Comprendiendo sus diferencias y haciendo que funcionen

David Clarke, Ph.D.

EDITORIAL
UNILIT

Disponible en inglés en Access Sales International (ASI)
P.O. Box 700143, Tulsa, OK 74170-0143, Fax #918-496-2822

Publicado por
Editorial **Unilit**
Miami, Fl. 33172
Derechos reservados

Primera edición 2000

© 1998 por David Clarke, Ph.D.
Originalmente publicado en inglés con el título:
Men Are Clams, Women Are Crowbars por Barbour Publishing, Inc., P.O.
Box 719, 1810 Barbour Drive, Uhrichsville, Ohio 44683, USA.

Traducido al español por: Gabriel Prada

Citas bíblicas tomadas de la Santa Biblia, revisión 1960
© Sociedades Bíblicas Unidas
Usada con permiso.

Producto 498698
ISBN 0-7899-0719-4
Impreso en Colombia
Printed in Colombia

Reconocimientos

- Sandy Clarke, el amor de mi vida y la mujer que me ha enseñado todo lo que sé acerca del matrimonio.
- Emily, Leeann, Nancy y William Clarke, los mejores cuatro niños del mundo. Gracias por darle a papá el tiempo para escribir.
- Bill Clarke, mi modelo, mi mentor y mi editor personal.
- Kathy Clarke, mi mayor fanática.
- Rocky Glisson, Todd Bates y Denise Hall —tres grandes amigos. Gracias por sus oraciones y por su apoyo.
- Chuck Milner, creíste en mí y me diste grandes consejos.
- Ethel Harris, una maravillosa secretaria, mujer piadosa, y un gran recurso proveyendo dirección. Gracias por escribir en mecanografía la mitad del manuscrito.
- Kathy Schwartz, una maravillosa mecanógrafa y un verdadero recurso de ánimo.
- Joyce Hart, mi agente, quien me guió a través de todo el proceso.
- Susan Johnson, gracias por que te gustó mi trabajo y por haberme brindado la oportunidad.
- Thom y Lola Provenzola y Larry y Pam Schweizer, aprecio su amistad y la fe que tuvieron en mí.

Contenido

Introducción

L as mujeres. ¿Podrán los hombres alguna vez llegar a comprender verdaderamente a las mujeres? ¿Te has dado cuenta que la mayoría de las mujeres poseen demasiada ropa de vestir? Vestidos, faldas, pantalones, blusas, y por supuesto, no nos podemos olvidar de los accesorios: zapatos, cinturones, bufandas y pañuelos y cosas para el cabello. ¡La lista es interminable! La mayoría de las mujeres posee más ropa al presente, de la que jamás podrán usar a lo largo de toda una vida. ¡Pero aun así continúan comprando más! ¿Por qué? No lo sabemos.

Échale un vistazo al ropero que comparte cualquier pareja común y corriente. Tres cuartas partes del mismo están llenas hasta el tope con la ropa de la mujer. Si en la habitación hay buena luz y te acercas a mirar con detenimiento, podrás ver, aunque imperceptiblemente, la pequeña e incómoda esquina que el hombre se ve obligado a usar.

¡Eso no es justo! ¡No debe ser! Y hay que hacer algo al respecto. Señoras, ya estamos cansados. ¡Se acabó la fiesta! Mi plan es comenzar una nueva organización nacional. Le he puesto por nombre: "Recuperando el control del ropero".

Hablando de ropa, hay una situación que a través de los siglos ha intrigado a los hombres. He aquí una mujer que posee suficiente ropa y accesorios para vestir un pequeño país europeo. La dama se para frente a su ropero —y repito, *su ropero*— y con toda sinceridad expresa esta clásica frase: "Sencillamente no tengo nada que ponerme". ¿Cómo es posible tal cosa? ¡Será que está bromeando! La declaración correcta, querida, debe ser: "No puedo decidir qué me voy a poner de entre los miles de vestidos que poseo".

Otra característica de las mujeres que los hombres no acaban de entender, es la manera en que éstas hablan. Las mujeres aman los detalles, y pueden recordar con sorprendente claridad cada evento que le ha sucedido durante el día. De hecho, pueden recordar cada uno de los eventos sucedidos en los últimos veinticinco años.

De por sí esto está bien. El problema radica en que una mujer desea compartir todos y cada uno de los detalles con su esposo. El hombre lo que desea escuchar es el panorama amplio, el retrato completo de la situación. Él se siente ahogado con demasiados detalles, mientras que la mujer pasa veinte minutos describiendo qué fue lo que sucedió, cómo se sintió, y de qué manera afectó esta situación particular su vida. Y todo eso ocurre durante el tiempo que le toma llegar del auto hasta la entrada del centro comercial. ¡Y sólo está comenzando su relato!

Para mí, como hombre, tener que escuchar este tipo de historia es como ordenar una pizza de chorizo y que te hagan la entrega a tu domicilio un chorizo a la vez. ¡Dame la pizza completa, por favor, y dámela ahora mismo! Dime lo que me quieres decir de una vez, por favor, antes de que me muera de vejez.

Nosotros los hombres tampoco hemos podido entender la razón por la cual las mujeres lloran tanto. Las mujeres lloran cuando están contentas, tristes, enojadas, cansadas y a veces, lloran sin saber por qué. Eso sí que es un misterio.

En el mundo no hay nada más digno de lástima, que un hombre cuando su mujer está llorando. Él no sabe qué hacer. Todos sus intentos le salen como un tiro por la culata, y terminan en más llanto, lo cual es lo último que él desea en ese momento. Si él se acerca y trata de consolarla, ella le dice: "¡Aléjate, fulano! ¡Ni te atrevas a tocarme! Fuiste tú el causante de este problema". Si él se aleja dándole espacio a la mujer que tanto ama, ella le dice: "Claro, ignórame. ¡Yo nunca te he importado!"

Bueno, dejemos tranquila a las mujeres. He estado casado con Sandy desde 1982, y tengo bastante que contar, pero es tiempo de que hablemos sobre los hombres.

Los hombres. ¿Podrán las mujeres alguna vez llegar a comprender verdaderamente a los hombres? Durante el cortejo, el hombre es el espíritu absoluto de lo que es el romance. Es una mezcla entre Ricardo Montalbán y Cary Grant: cortés, encantador, atento, interesado en el bienestar de la mujer. Su única meta en la vida es complacer a su mujer. Todos los deseos de ella son como una orden para él. ¿Pero qué sucede con el hombre después que se casa? Toma lugar una terrible transformación, algo que su esposa no puede comprender.

Después de la boda y varios años después de casados, las cosas han cambiado un poquito. El hombre se ha convertido en el espíritu absoluto del egoísmo. En esta etapa él es tan romántico como una sábana mojada. Su idea de lo que significa una noche romántica es cenar un inmenso bistec (que ella le cocina), alquilar una película de guerra, y quedarse dormido en el sofá con una mano metida en la bolsa de papitas fritas. La pobre mujer ha pasado de los días de rosas y vino, a los días de hamburguesas con queso y ropa interior sucia. ¡Es un cambio muy grande!

Otra indeseable sorpresa que se llevan las mujeres es cuando aprenden que a los hombres no les gustan los quehaceres rutinarios del hogar. Lavar la ropa, los platos y pasarle la aspiradora a la alfombra, están por debajo de la dignidad y la posición de lo que significa ser hombre. Los hombres prefieren los proyectos grandes y glamorosos como el Canal de Panamá, comprar un auto nuevo, remodelar el estudio, o instalar un sistema de riego en el patio. Estos son trabajos que son notables y pueden ser reconocidos al pasar la prueba del tiempo.

Señoras, ¿no les parece sorprendente la manera en que un hombre puede funcionar responsablemente en un trabajo que requiere ardua dedicación y cierta variedad de destrezas, y a la misma vez puede ser tan flojo e inútil en el hogar? Cuando un hombre entra por la puerta de su hogar, su coeficiente de inteligencia desciende unos cuarenta puntos, y de pronto se hace inútil en la operación de aparatos y efectos eléctricos y en el desempeño de simples tareas del hogar. Y cuando por fin el hombre termina la más mínima tarea en el hogar, ¿qué es lo que espera? Ustedes lo saben muy bien, queridas damas. ¡Él espera que se haga un desfile en su honor, y que se le entregue el Premio Nóbel de la Paz! Si la mujer no se arrodilla frente a él y besa su anillo en eterno agradecimiento, él hace puchero y pone mala cara. El pobrecito, ¡desempeñó una pequeña tarea y nadie le dio el reconocimiento debido!

Lo que le colma la paciencia a las mujeres son los intentos frustrados de involucrar a sus esposos en conversaciones profundas y de índole personal. Los hombres no son muy diestros en este asunto de conversaciones profundas y de índole personal. A las mujeres les parece como que lo único en lo que los hombres piensan es en la comida, sus trabajos, los deportes y el sexo —no necesariamente en ese orden. Los hombres no hablan mucho, y cuando lo hacen es para eructar o para pedirte que le hagas llegar el frasco de mostaza.

Una mujer puede observar a un hombre expresar toda una amplia gama de intensas emociones mientras éste disfruta de un juego de fútbol en la televisión: ira, gozo, temor, pasión. En poco tiempo cubre casi todas las emociones. Después del juego ella le pregunta cómo ha sido su día, y él responde: "Bien". Lo insólito del caso es que él espera que una sola palabra es suficiente para satisfacer su curiosidad. "¡Oh! ¡Todo bien! ¡Pues gracias por compartir conmigo! ¡Eso me dice tanto!"

Después de varios años de experiencia clínica y de meticulosa investigación, he descubierto que la mayoría de los hombres poseen un vocabulario muy limitado después del matrimonio. De hecho, la gran mayoría de los hombres casados sólo pronuncian cuatro frases: "No lo sé". "¿Dijiste algo, querida?" "Necesito una camisa para mañana". Y por supuesto, la declaración más importante de todas: "¿Qué vamos a cenar?"

Lo que pretendo señalar con estas observaciones sobre los hombres y las mujeres es que es muy difícil lograr entender al sexo opuesto. La mayor parte de las veces los hombres y las mujeres se desenvuelven en niveles completamente diferentes. La perspectiva que tenemos sobre las relaciones, la manera en que pensamos y la manera en que expresamos emociones, son todas dramáticamente diferentes. No existe una sola área de importancia mayor en la cual ambos sexos encajan con naturalidad. ¡Ni una sola!

¿Por qué razón nos hizo Dios esto? ¿Por qué nos hizo tan diferentes? Aparte de su gran sentido del humor, creo que hay tres razones principales.

- Primero, nuestras diferencias nos obligan a depender de Dios. Sin Dios, el matrimonio es imposible. Dios desea ser el centro de las relaciones hombre-mujer, y por lo tanto creó una relación tan difícil, que nos vemos en la obligación de mantenerlo a Él involucrado para que la misma pueda funcionar como debe.

- Segundo, nuestras diferencias nos pueden llevar a tener una relación complementaria. El hombre y la mujer contribuyen cualidades únicas, que al juntarse, pueden crear un equilibrio completo.

- Tercero, nuestras diferencias nos pueden llevar a una profunda intimidad. Debido a que es tan diferente el uno del otro, nos podemos unir vez tras vez en una variedad sin límites de combinaciones físicas, emociona-les y espirituales. Las amistades con miembros del mismo sexo son importantes y pueden ser muy íntimas, pero no podrán llegar a ser tan profundas como la intimidad que existe en un matrimonio heterosexual. La intimidad más profunda y mejor es la que se crea entre un hombre y una mujer.

Habrás notado que dije que estas diferencias nos pueden llevar a gozar de estos beneficios. Pero también pueden destruir una relación. Muchas de las relaciones sexuales entre miembros del sexo opuesto fracasan, porque ambos miembros de la pareja no aprenden a lidiar efectivamente con las diferencias básicas que existen entre el hombre y la mujer.

Comenzamos cada interacción —y repito *cada* interacción— en dos niveles completamente diferentes. Si vamos a profundizar un poco más en lo que a nuestras relaciones se refiere, con el propósito de conectarnos verdaderamente como pareja, entonces debemos procurar aprender sobre nuestras diferencias. Debemos ver qué maneras de nuestra conversación se ve afectada por nuestras diferencias. Y debemos aprender técnicas específicas que nos permitan lidiar con tales diferencias, con el propósito de crear una intimidad profunda y verdadera.

Uno

¡Buena suerte, Betty!

Usa tu imaginación y trata de captar la siguiente escena. Apuesto que al instante te será conocida. Nos encontramos con dos personas que están involucradas en una relación, ellos son Bob y Betty. Hacia el final de cierto día, Betty está intentando desarrollar una conversación con Bob. El deseo de Betty es conocer más sobre Bob, y trata de que éste comparta con ella alguna información personal. Y es con este propósito que le hace algunas preguntas.

"¿Cómo estuvo tu día?"

"¿Qué estás pensando en este preciso momento?"

"¿Cómo te sientes?"

(A las mujeres les gusta hacer estas preguntas, y es algo que a los hombres los saca de quicio). Betty está explorando, procurando penetrar dentro del hombre que ama. Desea conocer mejor a Bob. Anhela comunicarse con él a un nivel más profundo. ¡Buena suerte, Betty! Para el asombro de Betty, añadido al fastidio que va en aumento, Bob no provee información personal alguna. Él asume una actitud defensiva y se comporta como si estuviese siendo interrogado por la policía secreta. Con su actitud, mantiene a Betty a la distancia y rehúsa el diálogo personal. En respuesta a las preguntas de Betty, Bob gruñe varias veces (los hombres somos muy diestros haciendo esto), hace algunas declaraciones vagas, y cae en el silencio. ¡Él ha decidido que no va a hablar!

Betty no está satisfecha con esta reacción. ¡Ella quiere para su matrimonio algo más que gruñidos! Quiere hablar, dialogar, compartir, más intimidad. Betty presiona procurando una mejor respuesta y finalmente Bob se enoja, le contesta bruscamente y se marcha de la habitación. Ambos terminan enojados, heridos y confundidos.

Una interacción clásica hombre-mujer

Esta escena no es nada nueva para Bob y Betty. Ya ha ocurrido varias veces en el pasado, y continuará ocurriendo. Y cada vez que suceda, habrán perdido otra oportunidad para crecer en intimidad.

Esta es una interacción clásica hombre-mujer, ¿no lo creen así? La mujer hace preguntas e intenta desesperadamente que el hombre se abra. Ella es la palanca. El hombre resiste sus intentos, y no se abre. Se tranca en sí mismo. Se lo traga todo. Él es la ostra.

Estoy convencido de que esta interacción ostra-palanca, ha estado sucediendo entre los hombres y las mujeres desde que Adán Y Eva pecaron y se marcharon del Edén. Puedo visualizar la escena mientras ambos van saliendo del huerto del Edén. Eva desea hablar sobre lo sucedido. Ella desea expresarse y averiguar cómo se siente Adán respecto al asunto. Adán no desea hablar sobre el tema. "Eva, ¿me podrías dejar en paz? Hoy ha sido un mal día, no podemos cambiar lo sucedido, y no tengo nada más que decir al respecto. Vamos a buscar un lugar donde acampar por esta noche".

Debes mantener en mente que en esta escena ostra-palanca, no hay un bueno y un malo. Ninguno de los dos actúa maliciosamente con la intención de herir al otro. Tenemos a dos personas que sin saberlo, están operando en niveles completamente diferentes.

¿Por qué razón somos tan diferentes?

¿Por qué son las mujeres palancas? ¿Por qué se entrometen, pinchan e indagan procurando conseguir información personal de parte de sus hombres? Todos los hombres están pensando: Y por qué lo está haciendo? Te diré por qué lo hacen.

En una relación, las mujeres desean intimidad. Esa es su prioridad número uno. Para una mujer, si no hay intimidad en una relación, entonces no hay nada. Literalmente ella no puede ser feliz o hallar la satisfacción.

¿Por qué son los hombres ostras? ¿Por qué razón se cierran y le niegan a las mujeres que aman lo que ellas quieren y necesitan? Todas las mujeres están pensando: ¿Dímelo por favor? Siempre me he preguntado por qué lo hacen. Te diré por qué lo hacen.

En una relación, el hombre desean tener el control. Esa es su prioridad número uno. Para un hombre, si en una relación él no tiene el control, entonces no tiene nada.

Los hombres y las mujeres operan en estos niveles diferentes, control e intimidad, por dos razones principales. En primer lugar es simplemente un asunto de genética. Nacemos para operar en estos dos niveles. Lo segundo —y esto sí tiene bastante peso— somos enseñados a comportarnos así durante la crianza.

A los hombres se nos enseña desde la cuna a desarrollar estas cualidades en nuestras relaciones: respeto, posición, fuerza, poder e independencia. Todas éstas son cualidades diseñadas para producir control.

¿Has observado alguna vez a los niños varones cuando juegan? Es una interacción violenta, competitiva y salvaje donde un perro tiene que comerse al otro. ¿Quién ganó, quién logró la mayor cantidad de puntos, quién anotó los puntos que lograron la victoria? Es una batalla para ver quién es el más fuerte, el más rápido, el mejor. Existe muy poco diálogo. Sólo se escuchan gruñidos, ruidos de autos y gritos.

¿Y a qué niño pequeño no se le ha dicho "Los hombres no lloran?" Eso significa debilidad. No expreses tus sentimientos

---

y tus pensamientos. Si lo haces le estarás dando la ventaja a tu contrincante. Debes mantenerte sereno ante la presión, y mantener la calma en medio de una crisis, debes permanecer en control. Este mensaje se nos enseña vez tras vez y nosotros lo aprendemos.

Nuestros héroes culturales son hombres como John Wayne y Clint Eastwood. En sus películas, John y Clint demuestran ser personajes fuertes y de carácter rudo. No malgastan las palabras y demuestran muy poca —o ninguna— emoción. Extrañamente, las mujeres en estas películas se desviven por John y por Clint. Estas mujeres parecen sentirse perfectamente satisfechas con recibir de parte de sus hombres algunos gruñidos y un par de movimientos espasmódicos a lo largo del día. En el mundo real, cualquier mujer estaría infeliz y verdaderamente aburrida con este tipo de hombre.

A las mujeres se les enseña desde la cuna a desarrollar las siguientes cualidades en las relaciones: conexión, cooperación, franqueza, comprensión e intimidad. ¡Qué gran diferencia! Todas éstas son cualidades que están diseñadas para producir intimidad.

Cuando las niñas juegan, lo hacen en un ambiente donde hay mayor paz y cooperación. Pregúntenmelo a mí; tengo tres hijas. Ellas no intentan matarse entre sí o pelear con tal de probar quien es la mejor. Las tres trabajan juntas. Cada cual considera como piensan y sienten los demás. Existe mucho diálogo, y el mismo está enfocado en conocerse mutuamente. Los juegos de las niñas están orientados hacia el establecer relaciones.

Permíteme ilustrarlo al demostrar cómo es que mis tres hijas juegan a las muñecas Barbies conmigo. Ellas me llevan a la "casa club", una amplia habitación en nuestra casa donde guardamos todos los juguetes. Allí me enfrento ante un gran montón de cuarenta y cinco muñecas desnudas. Una situación un poco abrumadora. Lo primero que cada una tiene que hacer es escoger una Barbie, la cual representará a cada uno de nosotros. Al escoger la Barbie, te conviertes en ella por el resto del juego. Tendrás que hablar y actuar por medio de la muñeca. Barbie y tú se convierten en la misma persona.

El próximo paso es vestir nuestra Barbie, ya que está desnuda. ¿Alguna vez has tenido que vestir una Barbie? Quizá piensas que es algo fácil de hacer, ya que las Barbies son tan increíblemente delgadas. Sigue pensando así. Barbie es extremadamente delgada, y peores son sus vestidos. ¡Toma alrededor de veinte minutos sólo para ponerle a estirones una blusa y un par de pantalones! Y por fin cuando la última de las Barbies ya está vestida, la regla es que, cada Barbie debe sentirse contenta con el vestido que llevan puesto las otras Barbies. Si aun una sola de las Barbies no piensa que me veo bien en mi vestido, entonces mi Barbie tiene que cambiarse. "Oh Barbie, esos pantalones cortos no pegan con esa blusa rosada". Mi Barbie intenta defenderse, pero inevitablemente, termino vistiendo lo que mis amigas Barbies creen luce mejor.

Finalmente, todas las Barbies están vestidas y felices. Entonces llega la hora del verdadero reto —por lo menos para mí. Las Barbies deben decidir cuál es el mejor lugar para salir a pasear con sus lindos vestidos. Nuevamente, todas las Barbies deben sentirse contentas con la decisión o no hay paseo. Cada una de las Barbies menciona dónde le gustaría ir, y el resto del grupo discute la idea. Si todas las Barbies no se ponen de acuerdo, entonces no van a ningún lado.

Mi Barbie dice: "Vamos a la playa". Barbie número Dos dice: "Sí". Barbie número Tres dice: "Sí". Barbie número Cuatro dice: "No. Yo no quiero ir, porque me puede quemar el sol". ¡Y ahí quedó todo! Valientemente, mi Barbie sacude su cabeza hacia atrás, extiende hacia el frente sus huesudos brazos y dice: "Son tres votos contra uno. Nos vamos a la playa. Si no quieres ir, ¡pues allá tú! Te puede quedar". ¡Oh, no! Esa no es la manera sensible y orientada hacia las relaciones en que operan las niñas. Las demás Barbies le dicen a mi Barbie: "No. Todas debemos estar de acuerdo, o no podremos ir. Tú bien lo sabes". ¡Lo cierto es que en todos los años que he jugado con las Barbies, nunca hemos ido a ningún lado!

Emily, Leeann y Nancy preferirían seguir jugando en el piso de la "casa club" y hablando sobre dónde ir de paseo, que ir de paseo a algún sitio y que una de las Barbies no se sienta bien al respecto. ¿Qué quiero decir con todo esto? Así son las mujeres.

Y no debemos olvidarnos que para las niñas, el llorar no es malo. De hecho, es importante y se espera que haya franqueza y se compartan los secretos, porque es así como se logra la intimidad. Y la intimidad es lo que las niñas desean.

Eventualmente, los niños y las niñas crecen, pero la manera en que operan en las relaciones permanece exactamente igual. Así que cuando los hombres y las mujeres se reúnen para conversar, no es que exista el potencial de que haya problemas. ¡Por supuesto que no! ¡Lo que existe es una garantía absoluta de que sí habrá problemas!

Algunos de ustedes estarán pensando: *"Espera un momento, amigo. En nuestra relación el papel está invertido. El hombre es la palanca y la mujer la ostra. ¿Acaso somos seres extraños? Acaso nos hemos desviado de lo normal?*

Es posible que seas un poco extraño, pero no por esta razón. No te preocupes. No tengas pánico. Eres perfectamente normal. Del veinte al veinticinco por ciento de las parejas existe un intercambio de estos papeles, y es la mujer la que tiene dificultad en expresar sus sentimientos y pensamientos personales; ella es la ostra. Por naturaleza, el hombre es más expresivo y desea desarrollar conversaciones profundas con la mujer. Él intenta hacerla hablar; pero sin éxito alguno; él es la palanca.

Las parejas que se encuentran en esta posición hallarán que este libro les será de igual utilidad que a las parejas en la posición más común. Los mismos principios se aplican. Sólo hay que intercambiar el sexo.

Dos

¡Ahí viene! ¡Ahí viene!

Me encantan las películas de vaqueros. Me gusta todo lo relacionado con ellas. Las calles de tierra. Los vaqueros. Los forajidos. Arriar el ganado. La fuerza civil armada bajo el mando del sheriff. La justicia fronteriza. El encuentro entre pistoleros. El Antiguo Oeste era un lugar emocionante repleto de aventuras, drama, y verdaderos hombres. Gary Cooper y John Wayne no tenían mucha fama de cómo tratar a las mujeres, pero lo que sí hacían muy bien era deshacerse de los tipos malos.

Mi esposa Sandy no comparte mi entusiasmo por las películas de vaqueros. Al igual que la mayoría de las mujeres, prefiere las películas con abundancia de romance. Le atrae el diálogo pícaro y profundo entre un hombre y una mujer. Le gustan las escenas repletas de detalles y amplitud emocional. Yo, sin embargo, prefiero ver cuerpos esparcidos a lo largo de las calles.

Toda película de vaquero que posea valor alguno tiene por lo menos una escena en la taberna, donde el tipo malo se enfrenta al bueno. En esta escena nadie muere —eso viene después, en el encuentro final entre ambos— pero no deja de ser incómodo.

El bueno de la película se encuentra en el mostrador de la taberna saboreando un whisky, los verdaderos hombres, o por lo menos los verdaderos hombres en las antiguas películas de vaqueros beben sólo whisky, de pronto el malo entra a la taberna contoneándose a través de esas maravillosas puertas giratorias. Los dos hombres establecen contacto visual y, ambos sacan sus pistolas a la misma vez. Como ninguno de los dos tiene la ventaja, nadie dispara. Tan sólo permanecen de pie, a corta distancia el uno del otro, y apuntándose con el arma de seis balas. La tensión se puede palpar. Este es un "clásico enfrentamiento mexicano". ¿Por qué lo llaman un clásico enfrentamiento mexicano? No tengo la más mínima idea. El asunto es que no sucede nada. No se puede tomar ninguna acción.

Al igual que estos actores de películas de vaqueros, los hombres y las mujeres a menudo se enfrascan en unos "enfrentamientos mexicanos". En estos enfrentamientos no usamos pistolas. Los nuestros son enfrentamientos verbales. De manera inconsciente y automática, adoptamos dos posiciones diametralmente opuestas en la mayoría de nuestras conversaciones. El resultado del mismo es un bloqueo completo y absoluto. Ninguno de los dos cede. No hay conexión. No hay comunicación. No hay intimidad. Aquellos dos individuos en la taberna que se apuntan el uno al otro con sus pistolas, tienen mayor probabilidad de resolver su conflicto, de lo que tiene un hombre y una mujer de trascender más allá de su enfrentamiento verbal.

En esta esquina tenemos al adulto Bob, quien nació con un sistema de alarma incrustado, el cual le avisa en contra de todo lo que amenaza su control, y en la otra esquina tenemos a Betty, el misil dirigido, quien pretende acercarse un poco más, aunque esto sea lo último que hace en su vida. Esta no es una combinación muy buena que digamos. De hecho, esto no es nada más que un enfrentamiento por suceder. Vamos a examinar qué está sucediendo dentro del hombre y dentro de la mujer, durante la conversación del clásico "enfrentamiento mexicano".

¿Qué le sucede a Bob?

¿Qué es lo que en realidad está pensando y sintiendo Bob, la ostra, mientras que su compañera le pide que hable?

Cuando Betty le pide a Bob que se abra y comparta con ella sus sentimientos, su alarma se activa, y automáticamente responde con maniobras defensivas. ¡Él no sabe por qué lo hace! Sus respuestas son reflejos inconscientes. Es lo que siempre ha hecho en situaciones similares.

En lo más profundo de su ser, Bob cree que compartir secretos lo convertirá en una persona débil y vulnerable. ¡Esto sucedería con un hombre, en el mundo de los negocios! Pero no con su mujer. ¡No con su preciosa de toda la vida! Pero Bob no sabe esto, debido a que nunca —literalmente nunca— ha visto a ningún hombre con quien él tuviese buena relación, abrirse y compartir lo profundo de su ser con una mujer. Él nunca vio ni a su padre, abuelo y ni a su tío hacerlo.

Si en algún momento de su vida Papá compartió sobre sí mismo con Mamá, fue tras puertas cerradas. Lo que Bob sí vio fue a su Papá endurecerse y resistir un millón de veces, los intentos de Mamá por entablar una conversación. Así que, en adición a su formación cultural, Bob aprendió de su padre que con las mujeres hay que mantener las defensas en alto. Bob piensa que si se abre ante Betty, corre el riesgo de ser herido y dominado. Y por encima de todo, él piensa que corre el riesgo de perder el control.

Veamos esta situación: Después de un mal día en el trabajo, un hombre llega a su hogar y se dirige directamente hacia su esposa, y le dice: "¡Querida, he tenido un día pésimo, y necesito desbordar mi corazón ante ti!" ¿Es esto lo que en realidad sucede? ¿Estás bromeando? ¡Nunca sucede así! Él nunca se verá fuera de control, débil o vulnerable.

Cuando una esposa le pregunta a su esposo cómo le fue durante el día, él le dará una de varias respuestas que tiene almacenada. Él responderá: "Bien". ¿Bien? ¿Qué significa, bien? O quizá responderá "Todo en orden". Uff, eso sí que la colma a ella de abundante información. O quizás él responda: "No me fue nada mal". Esa sí que es una respuesta específica. Por lo menos ahora ella puede dejar de pensar que tuvo un mal día.

Cada una de éstas son respuestas de protección, las cuales le dicen nada a la mujer, y mantiene al hombre en completo control. Cada hombre es un maestro en el arte de evadir preguntas, y guardar para sí los sentimientos que la mujer desea.

La mujer puede percibir que algo le sucede al hombre. Él está más tenso y callado de lo normal. Usualmente su intuición no falla, aunque en realidad, de nada le sirve. Las probabilidades de extraer la verdad, lo que hay dentro de él, son prácticamente cero. Las probabilidades de ganarse la lotería o ser la primera mujer en visitar el planeta Marte son mayores. A pesar de esto, ella le hace una pregunta aun cuando ya conoce la respuesta: "¿Hay algo que te está molestando?" A lo que él responde: "No". Gran mentira número uno. Ella lo intenta nuevamente, siendo más directa en esta ocasión: "¿Qué te sucede querido?" A lo que él responde: "Nada". Gran mentira número dos.

Si el hombre decide proveerle de alguna información, la misma será preciada, pequeña y usualmente con la intención de quitarse a la mujer de encima. Lo máximo que él diría: "Es que he tenido un día bastante pesado, eso es todo. Pero... no quisiera hablar de ello". Gran manera de evadir el tema.

Regresando a Bob: A él también le puede dar temor de que no le va a ir bien si comparte con ella personalmente. Después de todo, la mujer está mejor capacitada en estos asuntos de compartir cosas, y si él no va a ganar o desempeñarse bien, no lo intentará. Es una antigua lección que nosotros los hombres aprendemos al ir madurando: Nunca, nunca, permitas que una mujer te gane en nada. Es una lección muy absurda, pero se enseña, y nosotros la aprendemos.

Los hombres son ostras

Si la escuela elemental de Bob era parecida a la mía, lo peor que le podía suceder a un muchacho era ser vencido por una muchacha en algún deporte o competencia física. Si una chica te ganaba en una carrera, o hacía más repeticiones en algún ejercicio quedaba tan sucio como el fango. Esta era la máxima humillación. Estarías escuchando los comentarios y las burlas por parte de los muchachos por varias semanas. Yo no recuerdo haber sido vencido por una muchacha, pero aún puedo ver aquellos pobres muchachos que fracasaron esta ridícula y cavernícola prueba de hombría de la edad elemental. Por causa de las creencias incorrectas de Bob, y su intenso afán por mantener el control, él hace una de las tres cosas en respuesta a los intentos de Betty para que él se abra.

1. Bob puede mantenerse en silencio. (Como lo hacía el Sargento Schultz en la antigua serie de televisión "Los héroes de Hogan", quien decía que él no sabía nada, no veía nada —y en el caso de Bob, no decía nada).

2. Bob puede enojarse y contestarle a Betty abruptamente.

3. Bob puede alejarse de la situación físicamente.

Por supuesto, existe la posibilidad que Bob haga las tres cosas. No importa cuál sea su respuesta, la conversación terminó.

¿Qué está pasando dentro de Betty?

¿Qué está pensando y sintiendo Betty, la palanca, mientras intenta abrir la ostra sin éxito alguno?

Betty observa cómo Bob comienza con su rutina de ostra, y usa su palanca con mayor firmeza y rapidez. Ella intensifica sus esfuerzos; se pone cada vez más tensa al ver como se disipa la intimidad que tanto desea. Betty piensa, y puede ser que verbalice lo siguiente: "¡Háblame! Quiero ser de ayuda. Quiero conocerte mejor. Quiero ser tu compañera del alma.

Deseo conectarme contigo. Deja de ser como el "Llanero Solitario". Es posible que ella diga lo mismo que una de mis clientes le dijo a su esposo: "¡Si yo hubiera deseado compañía sin conversación, estaría viviendo con un perro, con un gato o con una iguana!"

Cuando una mujer ha tenido un día pesado, no puede esperar a hablar de ello con su esposo, madre, amigos íntimos, y hasta con la mujer que acabó de conocer en el mercado. Ella siempre se sentirá mejor luego de haberse expresado. Naturalmente, si su esposo es el que ha tenido un día pesado, la mujer no puede entender cómo él puede rehusar hablar al respecto. Ella le dice a él: "Querido, te va a beneficiar hablar sobre el asunto. Te quitas la carga de encima y no estarás tan tenso". A ella le sorprende increíblemente su constante decisión de aguantar la tensión y hacerse daño a sí mismo. ¿Será que disfruta el dolor?

La mujer también es curiosa por naturaleza, y se muere por conocer lo que le ha sucedido al hombre durante el día. Ella vive en un mundo de detalles, y nunca podrá ser satisfecha. Las mujeres desean conocer todo lo que está sucediendo en las vidas de sus seres queridos. Aun los eventos pequeños, los asuntos más triviales son para ella de gran interés y los colecciona. Luego, la mujer usa todos estos detalles en su papel de cuidado, crianza y nutrición.

Si ella se entera de lo que le ha sucedido a su esposo, ella cree que puede ayudarlo. Y... ¡está en lo cierto! Es posible que ella pueda decirle algo para ayudarlo. Quizás ella puede tocarlo, ser de apoyo, animarlo, ser su compañera del alma. Pero cuando su hombre no habla sobre sus problemas, todo esto "quizá" termina como pequeñas conversaciones similares a montañas de aserrín.

Ella se convierte en una persona que cuida, sin tener a quien cuidar. No hay nada más frustrante para el que cuida y protege, que se le niegue la oportunidad de hacerlo. Ella está dolida, desea averiguar detalladamente qué es lo que le sucede, para poder cuidar de él. Si él no le dice, entonces no hay nada que ella pueda hacer. Eso es algo increíblemente frustrante. Y es también causa de dolor. Ella se siente rechazada porque piensa que su esposo no confía en ella, lo suficiente como para abrirse con ella.

Cuando en medio de una conversación, una mujer —una Betty— choca con una pared de cemento, con su esposo, no se rinde tan fácilmente. Cuando él rehúsa hablar sobre el día pesado que ha tenido, o simplemente no desea contar nada personal, Betty piensa dentro de sí: *Si tan sólo empujo con mayor fuerza, romperé la pared.*

Error. Un grave error. Si lo haces, él se cerrará aun más. He examinado cuidadosamente todos los registros históricos conocidos, haciendo uso de bibliotecas, enciclopedias, la red de información "Internet", y una gran cantidad de gente muy anciana. No existe ningún incidente registrado de un hombre que se haya quebrantado ante las preguntas de su esposa, y comparta con ella información personal.

Lo siento, Betty, tu esposo no será el primero.

Betty también piensa: *Bob sabe que deseo intimidad, y me la está negando a propósito.* Sus próximos pensamientos están a sólo unos pasos de éste: *Yo no le importo. Ni tan siquiera me ama.*

A todas las Bettys les digo: Escúchenme. Ustedes están completamente equivocadas. Yo comprendo muy bien esta manera de pensar, pero aun así no es cierto. A menos que te hayas casado con un sicópata, tu esposo no te está negando a propósito la intimidad. Él sí te ama. Lo que él todavía no sabe es, cómo amarte de la manera en que necesitas ser amada, pero él sí te ama.

Lo que sucede cuando él se cierra y no permite que entres es, que su control se ve amenazado, y él no puede permitir que tal cosa suceda. Así como no es tu intención amenazar su control, tampoco es su intención hacerte daño con respuestas.

Tres

Ostras y palancas
por todos lados

Un hombre de unos cincuenta años de edad se presenta a la clínica de su médico para su examen físico anual. Él le dice al médico que se siente bien, que nunca se ha sentido mejor, y que espera escuchar de él que todo anda bien con su salud. Pero en esta ocasión, no resulta como esperaba. En esta ocasión, su examen rectal, ese desagradable procedimiento al que se deben someter los hombres mayores de cuarenta años de edad, revela que la próstata está aumentada. "No hay por qué preocuparse", le dice el médico. "Probablemente no es nada serio, pero voy a ordenar que te hagan algunos exámenes". Los resultados de las pruebas no traen noticias muy buenas: cáncer de la próstata. Exámenes posteriores revelan que hay peores noticias: el cáncer se ha esparcido y ha invadido varios órganos vitales. La cirugía y la quimioterapia no funcionan en este caso, y el hombre muere seis meses después de haberse hecho el examen físico.

¡Pero es que él se sentía bien! Él no tenía idea de que el cáncer se estaba esparciendo. Si tan sólo se hubiera enterado de lo que le estaba sucediendo, él hubiera visitado al médico y quizá un tratamiento inmediato hubiera sido su salvación.

Al igual que este desafortunado hombre, cada pareja casada se enfrenta a un enemigo invisible que invade y va destruyendo su relación. Siento sonar tan áspero, pero es cierto. Todas las evidencias demuestran que así es. Ambos saben que su vida íntima podría ser mejor. Sus conversaciones podrían ser más profundas, y su pasión, pues en realidad no es lo que era. Pero no hay manera de señalar cuál es la principal razón. No hay manera de saber por qué, y no puedes batallar contra algo si no sabes lo que es.

Te voy a decir por qué tu relación no es lo que debería ser. Ustedes están siendo atacados por la enfermedad relacional conocida como control y proximidad (intimidad). Y la misma está matando lentamente su amor. La razón por la cual esta enfermedad es tan devastadora es precisamente porque las parejas no saben que la misma está presente. No pueden ver cómo se desarrolla día a día, semana tras semana, año tras año, y de maneras tan variadas.

La mala noticia es que tú y tu cónyuge están alimentando a diario la enfermedad control y proximidad, y la misma está matando su relación. La buena noticia es, que has comprado este libro y ahora está a punto de descubrir de qué se trata esta enfermedad, y cómo identificarla y destruirla.

Para poder conquistar exitosamente un enemigo, primero debes conocerlo y aprender cómo es que opera. Cuando intentas identificarlo, notarás que este problema llamado control y proximidad está operando en muchas de tus interacciones.

Cumple con tus obligaciones, por favor

Veamos si puedes reconocer la siguiente escena. La mujer le pide al esposo que cumpla con alguna obligación alrededor de la casa. El hombre sonríe y dice: "Querida, me siento feliz de poder ayudarte. Es lo menos que puedo hacer considerando todo lo que has hecho tú por mí". Y el hombre se pone rápidamente en pie y cumple con la tarea asignada.

¿Es así como ocurren las cosas en tu hogar? No lo creo. ¡El hombre se resiste y pelea en contra de cumplir con la tarea!

Él no va a cumplir la tarea asignada al instante que se lo pides. ¡De otra manera él sería tu sirviente! ¡Él no sería nada menos que una marioneta en tus manos! ¡Él sería nada menos que el niño de mamá!

Hay hombres que sencillamente rehúsan cumplir con la tarea, pero tales casos son bastante raros. La mayoría de los hombres lo que dicen es: "Claro que sí, querida, lo haré más tarde". ¿Y qué sucede con ese "más tarde", queridas damas? Nunca llega. El hombre se olvida del asunto, o espera tanto para hacerlo que la mujer se siente forzada a recordárselo. Cuando ella intenta recordárselo, él la ve a ella como la mujer que tan sólo "machaca", y con mayor resistencia rehúsa cumplir con la tarea. Por supuesto, él no se da cuenta que ella no estaría machacando con el asunto, si él hubiera cumplido con la tarea dentro de un período de tiempo razonable.

A menudo, la mujer se cansa de esperar y termina haciendo la tarea ella misma. No desea ser inoportuna, y el trabajo hay que hacerlo. Tan pronto como el hombre la ve haciendo la tarea, le dice a ella: "¡Pero querida, si ahora mismo yo lo iba hacer!" Por supuesto que sí.

¿Qué está sucediendo aquí? ¿Cuál es la razón por la cual el hombre reacciona de una manera tan defensiva, ante la sencilla petición de una mujer que tan sólo desea que se cumpla con una tarea? ¿Por qué razón se convierte en una situación tan tensa y negativa? Les diré qué es lo que sucede. No es nada más que el antiguo problema ostra-palanca, de control y proximidad.

La mujer percibe la tarea como un medio para alcanzar proximidad e intimidad. Aunque bien es cierto que sí necesita ayuda. Cuidar de una casa o un departamento es un trabajo demasiado grande para una sola persona. Los quehaceres del hogar no son la responsabilidad de la mujer solamente. Es necesario que los quehaceres y tareas del hogar sean compartidos equitativamente por ambos cónyuges. Pero lo cierto es que lo que la mujer está deseando es intimidad y proximidad. Cuando su hombre la ayuda en los quehaceres del hogar, ella se siente aun más cerca de él. Ella siente como que son un mismo equipo. Ella siente que ambos están trabajando juntos. ¡Siente como que en realidad él se preocupa por ella!

¿Tengo razón en lo que digo, señoras? Por supuesto que la tengo.

Para la mujer, el hogar es muy importante. No importa lo humilde o pequeño que éste sea, el hogar es su nido. Es lo que le da felicidad y orgullo. Ella está emocionalmente conectada a cada artículo en su hogar. Sabe dónde está cada cosa, y conoce todos los quehaceres y tareas que se deben hacer.

Maridos, cuando ustedes cuidan de su hogar, están cuidando de su esposa. Si su esposo no la ayuda con los quehaceres, ella se siente alejada de él. Él lo único que hace aquí es dormir. Él es un simple consumidor que vive de la abundancia de la tierra. Ella se siente sola, terriblemente sola, en su propia casa.

¿Y qué es lo que le sucede a este lingote de hombre? ¿Por qué resiste a esta bondadosa mujer a la que ama? ¿Acaso es perezoso? ¿Acaso es cruel? ¿Será que es malo? No. Él está resistiendo hacer la tarea porque su control e independencia están siendo retados. O por lo menos, él piensa que así es. En lo más profundo de su ser, la respuesta automática del hombre es: "Nadie me va a decir lo que debo hacer".

Esto puede sonar un poco raro, pero el hombre pondrá en riesgo hacerle daño a su mujer, causándole gran dolor emocional y cansancio físico, con tal de proteger su control. Si su jefe le ordena que haga cierto trabajo, no importa cuán sucio o difícil sea, él lo hará. Él comprende que su control no está siendo amenazado porque conoce muy bien la cadena de mando. Pero si su querida esposa le pide que haga un trabajo, él lo interpreta como si fuera una orden, y no hay quien lo mueva de su lugar.

¡Al *ataque*!

He aquí otro ejemplo de control-proximidad que ocurre a diario y de manera regular en cada hogar.

La mujer ha preparado la cena y llama a su esposo a la mesa: "¡Al ataque! ¡Es hora de cenar, querido!" ¿Y qué hace el hombre? Él anda con rodeos. Se toma su tiempo. Vendrá a la mesa cuando esté listo para hacerlo. Inconscientemente rehúsa acercarse a la mesa inmediatamente, y se demora varios minutos sin prestarle mucha importancia.

De pronto, cualquiera actividad en la que el hombre esté involucrado cuando lo llaman, se convierte en extremadamente importante. Se convierte en un asunto de seguridad nacional. Sencillamente debe tomar unos minutos adicionales para terminar lo que está haciendo, o nuestro pueblo perecerá. Si está frente al televisor, la publicidad que está viendo se convierte en algo increíblemente interesante, aunque sea el mismo comercial de detergente para el lavado de ropa que ha visto un millón de veces. El asunto es que debe verlo hasta el final. ¡Quizás en esta ocasión la ropa no salga limpia!

Si él está jugando con sus herramientas en el garaje, prolongará el juego por un tiempo adicional; el tiempo suficiente para probar que es un hombre independiente, que no puede ser controlado. "Iré a cenar cuando cuelgue el martillo en su lugar. Lo haré a mi tiempo, así como lo hizo John Wayne. Igual que lo hizo Clint Eastwood. Nadie me tiene que llamar. Yo voy cuando desee ir".

Al llamarlo a cenar, lo que la mujer desea es intimidad. La cena no tiene que ver tan sólo con los alimentos. Es un tiempo familiar, es tiempo de conectarnos, es tiempo para estar juntos. Ella desea que el hombre se apresure en venir a la mesa para que ambos puedan disfrutar de la intimidad que ella tanto necesita. "Ven, mi amor, y compartamos juntos nuestras vidas". Para el hombre —lo que él ha escuchado es una orden, e instantáneamente se siente controlado. ¿Tonto? Sí. ¿Loco? Quizá. Pero no deja de ser la realidad. Así es como operan los hombres.

¿Qué podemos hacer respecto a este problema control-proximidad? ¿Qué podemos hacer para evitar que se convierta

en el asesino de nuestra interacción y conversación diaria?
Consideremos algunas ideas prácticas sobre cómo vencer este
problema, curar esta enfermedad y lograr una comunicación
aun más profunda. Estas estrategias no tan sólo han servido
de ayuda a mi esposa Sandy y a mí, sino también a muchas
parejas con las que he tenido que lidiar, en terapia y en mis
seminarios.

Cuatro

¡Perdón, pero lo estás haciendo otra vez!

Yo tengo un mal hábito. Bueno, en realidad, tengo más de uno, pero el espacio no me permite describirlos todos. Este es un hábito que he tenido por años, y está tan arraigado en mí, que no me doy cuenta de cuando lo estoy haciendo. Es algo automático. Es totalmente inconsciente. Desafortunadamente, vuelve loca a mi esposa. Mi problema es que tarareo continuamente la última canción que he escuchado. Quizá sea una melodía que escuché en la radio, o un comercial publicitario en la televisión, o una canción de un disco compacto en mi casa. Debe ser algún tipo de maldición genética. La última pieza musical que escucho se graba en mi mente, y comienzo a tararearla el día entero. Por supuesto, nunca conozco la canción entera. Y esa es la parte molesta. Yo tarareo algunas estrofas y entono algunas de las palabras de las que recuerdo... vez tras vez. Puede ser que odie la canción. Es posible que haya escuchado la canción una sola vez. Eso no importa. Continuaré cantando y tarareando los pequeños fragmentos que recuerde, hasta que escuche otra canción. Y entonces, comienzo a hacer lo mismo con la nueva canción.

Sandy es una mujer muy paciente, pero aun ella tiene sus límites. A ella no le importa si tarareo y canto frente a otras

---

personas, pero en realidad ella no desea escuchar mis actuaciones repetidas. Así que comenzó una campaña anti- tarareo. Ella me hizo saber que de no parar el mal hábito, me tendría que matar. Yo pensé que era un chiste, pero la mirada en su rostro me hizo pensar.

Al no haber un Centro Betty Ford para el tratamiento de tarareadores, Sandy y yo decidimos atacar el problema nosotros mismos. La primera idea de Sandy fue sencillamente pedirme que cesara. Quizá si cobro conciencia de mi problema, eso sería suficiente para ayudarme a parar. Sin embargo, no era suficiente sencillamente saber que la estaba molestando con mi hábito, y decidir ponerle fin al tarareo. El tarareo continuó, así que la segunda idea era poder sorprenderme a mí mismo haciéndolo, en la esperanza de poder detenerme. Esta fue una gran idea, excepto por un pequeño problema. Yo ni sabía que lo estaba haciendo. ¿Cómo poder sorprenderte a ti mismo tarareando, cuando no estás cons-ciente de que lo estás haciendo?

Nuestra última idea ha resultado ser la solución que buscábamos. Sandy, quien es la que siempre sabe cuándo comienzo a tararear, me lo indica verbalmente. A veces ella es hasta bondadosa conmigo. Cuando ella me interrumpe, me percato de lo que estoy haciendo y puedo parar. Sí, es cierto que paro de hacerlo por sólo una o dos horas, pero por lo menos esto representa un descanso para mi esposa. Cuando comienzo a tararear de nuevo, ella me interrumpe otra vez con la frase: "Dave, estás tarareando". Nuestro matrimonio ha triunfado, y en lo personal, también.

Interrupción verbal

Para batallar contra el problema control-proximidad, la técnica de interrupción verbal es la primer idea que sugiero. Por sí sola no será suficiente, pero es una clave importante para lograr la solución. Ambos cónyuges llegan al acuerdo de hacer mención del problema control-proximidad cuando éste ocurra en medio de una conversación. En otras palabras, ¡sorprenderse ustedes mismos en el acto!

Una manera muy efectiva de romper un patrón de conducta que esté bien arraigado es, señalarlo tan pronto ocurra. O, tan pronto como sea posible. Idealmente, ambos llegan al acuerdo de que dicho patrón de conducta está dañando la relación, y por lo tanto, ambos deciden unir fuerzas en su contra. De esta manera, el comportamiento automático —lo subconsciente— se eleva a lo consciente. Él mismo se trae a la luz. Si el patrón de conducta permanece enterrado, nada podrás hacer. Él mismo siempre logrará la victoria, y tú siempre serás el perdedor. Si no señalas y haces resaltar el problema control-proximidad, estarás condenado a desempeñar el mismo papel en el antiguo guión ostra-palanca.

¿Qué sucede dentro de ti?

Existen varias maneras de señalar el problema. En primer lugar, debes hacer mención de lo que está sucediendo dentro de ti. Es aprender a controlarte a ti mismo cuando el comportamiento comience a manifestarse. Durante una conversación te percatas de lo que está tomando lugar dentro de ti, y se lo mencionas a tu cónyuge. Cuando te sientas controlado por tu esposa, entonces se lo haces saber. Podrías decirle algo así: "Querida, me estoy sintiendo controlado en este momento, y me estoy poniendo a la defensiva y muy enojado". Esto no le causa mucha diversión a la mujer, pero detiene el patrón de conducta al instante.

Si la ostra no dice nada, es decir, no se percata de lo que está sucediendo, no tendrá otra opción que usar uno de sus antiguos y confiables recursos para escapar de la conversación. Callarse la boca y permanecer en silencio. O podría responderle con aspereza. O alejarse físicamente de la situación. Pero si le hace saber a su esposa que se siente que está siendo controlado, muchas cosas buenas podrían suceder. El patrón ha sido interrumpido. La ira que se estaba acumulando encuentra un escape y se disipa. Y sobre todo, una conversación que no se dirigía hacia ningún lugar (excepto contra una pared de concreto), puede ser reanudada y continuar como si nada.

La mujer también puede resaltar lo que está tomando lugar dentro de ella. Ella podría decir: "Bob, la realidad es que en este momento deseo intimidad, y creo que estoy empujando el asunto más allá de lo que debo, ¿cierto?" Y Bob le responderá: "Sí, señora. Se te ha pasado la mano un poco". Si la palanca se puede percatar de la manera como está tratando a su hombre, existe la posibilidad de salvar la conversación. La alternativa a esto es experimentar un aumento en los niveles de frustración y dolor, mientras que la ostra permanece completamente cerrada.

¿Qué está sucediendo en tu compañero?

La segunda manera de señalar el problema control-proximidad, es haciendo mención de lo que estás viendo que sucede en tu compañero. Este tipo de intervención es importante, ya que no es a menudo que uno se sorprende a sí mismo haciendo algo, especialmente cuando ese algo es una debilidad (como tararear, por ejemplo). Sé que me entiendes. Sin embargo, uno siempre puede percatarse de alguna debilidad en el cónyuge.

Sorprender a tu compañero levantando barreras de conversación va a funcionar, siempre y cuando seas muy cuidadoso en tu acercamiento. Abre paso suave y apaciblemente. No se permite el sarcasmo, el tono de crítica o la actitud arrogante. A menos que tu intención sea hacer de una situación mala, algo peor, debes procurar "hablar la verdad en amor" tal y como lo enseña Pablo en Efesios 4:15. Tu actitud no debe ser: "¡Te atrapé! Estás haciendo algo mal". En lugar de esto, tu actitud debe ser totalmente lo opuesto: "Querido, estás haciendo algo que está estorbando nuestra conversación. Comencemos de nuevo".

Permíteme demostrarlo de la siguiente manera. Cuando la mujer nota que el hombre está a punto de cerrarse, ella podría decir: "Bob, percibo que estás comenzando a exhibir comportamiento de control. Y deseo un poco de intimidad, y tú te estás alejando". Esto suena mejor que: "Me enferma cuando no hablas. ¡Deseo que me hables! ¡Deseo que hablemos, ahora!"

Sería una buena idea pedirle a tu esposo que te dé una frase que puedas usar cuando él comience a cerrarse. Si usas la frase que él mismo te dio, las probabilidades de que él responda sin hostilidad y sin una actitud defensiva serán mayores. Deben ponerse de acuerdo antes de usar su frase en una situación cuando sea necesario. También, al permitirle que él te diga cuál frase usar, le permite a él mantenerse en control de la situación. Él es quien decidió como lo has de interrumpir. Y recuerda que, con un hombre, el control es un asunto crítico.

Cuando el hombre ve a la palanca en acción, y ella no se percata de sus acciones, es él quien debe decir algo para detenerla. Es una buena idea, vuelvo y repito, que el hombre le pida a la mujer cuál frase debe usar con ella. Lo justo es justo. Él podría decir algo así: "Betty, es bueno que desees intimidad, pero en este momento estás empujando demasiado fuerte. Tu intensidad me ahuyenta". Una frase como ésta logrará que Betty se detenga al instante, e impedirá que Bob, su ostra, se esconda en su caparazón.

Al principio de esta práctica de las interrupciones verbales, les parecerá difícil e incómodo. De hecho, en muchas ocasiones el guión control-proximidad llegará a su fin. Ocurrirá tan rápido, y terminará antes de que lo puedan interrumpir. Uno o ambos reconocerán luego lo que ha sucedido. No hay nada de malo con eso; es perfectamente normal.

Después de una conversación

Cuando por fin se den cuenta de que nuevamente han caído en la trampa control-proximidad, no será demasiado tarde para mencionarlo. Es mejor tarde que nunca. Ambos podrán aprender otra lección de una antigua conversación control-proximidad, sea que la misma sucedió veinte minutos o dos horas antes.

Hablen sobre lo sucedido. "Querida, ¿te percataste de lo que hicimos esta mañana? Hicimos lo mismo que ese brillante doctor Clark describe en su libro sobre la ostra y la palanca. Hablemos al respecto".

Entonces ambos evalúan la conversación brevemente. Examinan cómo fue que cada cual le respondió al otro. Admiten los errores cometidos y piden perdón por ellos. Dialogan sobre la manera diferente en que pudieron haberse comunicado.

Finalmente —y esto es muy importante— intenten desarrollar la misma conversación otra vez, y vean de qué manera la pueden mejorar. Es como volver a montarse a un caballo después que te has caído. Tomas algunos minutos para considerar cuál fue el error, y luego te montas otra vez. Es así como se entierra el antiguo patrón de conducta, y se construye uno nuevo, y más saludable. Nada aprenderás si tan sólo intentas proseguir hacia adelante, sin volver a visitar la antigua conversación. Así que, regresen al pasado y discutan qué fue lo que ambos hicieron mal. Comiencen de nuevo, desde el principio, teniendo cuidado con la misma rutina de siempre de control-proximidad. Ambos necesitan la práctica. El resultado será beneficioso. Al repetir este ejercicio varias veces, aprenderán a evitar el mismo problema de siempre, y lograrán completar con decencia una práctica de conversación.

Al ir mejorando, ambos lograrán percatarse con mayor facilidad, qué anda mal. El tiempo que pasa desde el final de la conversación, hasta el momento en que se dan cuenta de lo sucedido, será cada vez menos. Muy pronto, podrán señalar con exactitud la raíz del problema durante cualquier conversación que tengan entre los dos.

Durante una conversación

Es más fácil examinar una conversación pasada, que lidiar con la intensidad de una conversación actual. Cuando interrumpes a tu compañero en medio de una conversación, es más difícil poder negociar el proceso de examinar los errores y volver de nuevo a la conversación. Pero si ambos se guían por unas reglas básicas, interrumpir una conversación es una manera poderosa de mejorar la comunicación.

Primero, al igual que como se lidia con una antigua conversación, el compañero que señala el problema debe hacerlo con cuidado. Debe proceder con suavidad, pero con firmeza. Usa la frase correctiva que tu compañero te ha dado para que uses. Tu meta no debe ser humillar, sino sanar.

Segundo, el compañero que ha sido interrumpido, debe demostrar una actitud de gracia bajo fuego. Debes creer que lo que tu compañero ha expresado es la verdad. Cuando te atrapen siendo una ostra o una palanca, debes ser lo suficientemente maduro como para admitirlo. No es placentero escuchar lo que el otro dice; de hecho, sentirás ira. Cuando eso suceda, trágate tu respuesta ofensiva o defensiva, trágate el orgullo, y decide estar de acuerdo con tu compañero. A menos que estés casado con un mentiroso patológico, o con un maestro de la manipulación, lo que tu compañero dice, eso es lo que has estado haciendo.

No pelees por ello: "Eres una ostra". "No lo soy". "Sí lo eres". "No lo soy". Cuando te señalen el patrón de conducta que has manifestado, acéptalo con toda la gracia posible. "No me gusta lo que dices, pero si reclamas que estoy actuando como una ostra, entonces debe ser cierto".

La tercera regla es, tomar un descanso breve después que el problema ha sido señalado. Los sentimientos están a flor de piel, especialmente los del compañero a quien se le ha señalado su falta de conversación. Estén de acuerdo en tomar un descanso de cinco a diez minutos, y luego regresen y continúen con la conversación. Vayan al baño, beban algo, o salgan a respirar aire puro. Este período de enfriamiento marca el final de la antigua conversación enfermiza, y el comienzo de una nueva y saludable conversación. El nivel de intensidad, especialmente en el compañero que fue interrumpido, baja, y ambos están listos para comenzar de nuevo.

El cuarto y último paso es, comenzar de nuevo la conversación. Después de una breve pausa ambos regresan a estar juntos, y dialogan sobre lo acontecido. Esto lo hacen con el propósito de enterrar el antiguo patrón de comportamiento, y más importante aun, poder lograr un nivel diferente en el cual comunicarse genuinamente.

Por ejemplo, la mujer podría decir: "Lo siento por haber sido la palanca. Tienes razón. Yo te estaba hostigando con tantas preguntas. Querido, lo único que deseo es estar cerca de ti y amarte".

Ayuda grandemente si el hombre escucha estas palabras. En realidad sirve de gran ayuda. No tan sólo la perdonará por ser palanca, sino que él podrá comprender por qué actuó como tal. Ahora ya no necesita sentirse amenazado, ya que ella no desea el control. Lo que ella desea es intimidad. Ahora la conversación comienza nuevamente con un marco completamente nuevo: una mujer y un hombre que intentan acercarse el uno al otro.

El hombre podría decir: "Lo siento por cerrarme al diálogo. Me sentí bajo presión, y como es usual, me aislé. Yo sí te amo, pero encuentro que es difícil permitirte ver lo que hay dentro de mí. En realidad no deseo mantenerte alejada".

Ayuda grandemente si la mujer escucha estas palabras. Él no se cerró porque deseaba hacerle daño o rechazarla. O porque no la ama. Él se cerró al diálogo porque se sintió presionado, y tuvo problemas al compartir de sí mismo. La conversación comienza otra vez con ambos compañeros en un nivel nuevo y más profundo. La nueva manera de hacer las cosas tiene como prioridad hallar una manera de que el hombre comparta de sí mismo libremente, sin sentirse forzado a hacerlo.

Al poner en práctica el nuevo modo de sorprenderse en la conducta control-proximidad, dos cosas muy buenas sucederán: primero, hallarás que el patrón enfermizo lo manifestarán cada vez con menor frecuencia. Estar conscientes de que existe un problema y de manera regular interrumpir su operación, es una intervención muy efectiva. ¿Por qué adquirir cáncer en la esperanza de poder recuperarse del mismo, cuando el cáncer se puede prevenir desde el principio?

Como aún no estamos en el cielo y ninguno de nosotros es perfecto, continuarán encontrándose atrapados en este problema sin salida que es el control-proximidad. Pero —y esta es la segunda cosa buena— por medio de la práctica, se convertirán en personas diestras en el manejo del mismo. Cuando suceda, no quedarán como indefensas víctimas como sucedía antes, cuando su día quedaba arruinado por completo. Hallarán la solución al problema, y tendrán la preciosa oportunidad de moverse hacia aquella maravillosa condición por la cual todos nos casamos con miras a experimentar: la intimidad.

Cinco

¡Hombres, abran sus ostras!

A los hombres les gustan los retos.

En los deportes, vitoreamos al atleta que parece no tener oportunidad alguna de conseguir la victoria. El cansancio y las lesiones le han afectado grandemente y no podrá ganar, informan con tristeza los comentaristas. ¿O será que todavía lo puede lograr? Con gran determinación y valor, el atleta rehúsa rendirse, y gana la competencia. Y nos decimos a nosotros mismos: *"Ese sí que es un verdadero hombre"*.

En el campo de los negocios, admiramos a los hombres que han conquistado grandes obstáculos e insuperables dificultades para lograr el éxito financiero. En nuestras propias carreras, estamos dispuestos a hacer cualquier cosa con tal de alcanzar el éxito: trabajar largas horas, soportar jefes irrazonables y sufrir toda clase de indignidad y derrotas. Continuamos en la carrera porque por naturaleza somos seres competitivos, y queremos ver cuán bueno podemos llegar a ser en lo que hacemos. A la misma vez, queremos proveer para nuestra familia la mejor vida posible.

En los proyectos de reparación del hogar, luchamos por vencer obstáculo tras obstáculo en nuestra horrible determinación por terminar el trabajo. ¿Qué podría ser más frustrante que tener que hacer veinte viajes a la ferretería, y aún no poder conseguir la pieza correcta que estamos buscando? Pensamos que los "expertos" que trabajan en estas ferreterías y que con tanta confianza te entregan la pieza equivocada, deberían ser llevados todos al paredón. Y luego deberían ser despedidos. Pero sin embargo, continuamos esmerándonos, porque nuestro deseo es medir fuerzas contra un verdadero reto. No seremos vencidos.

Nuestra determinación innata por alcanzar el éxito ante impredecibles y complejos obstáculos, sin embargo, no se aplica a nuestro matrimonio. ¿No es cierto que con nuestras esposas nos acobardamos? Nos sentimos inútiles. Nos sentimos impotentes. Parece ser que carecemos de las herramientas necesarias para conectarnos eficazmente con una mujer a un nivel más profundo. No es que no queremos hacerlo. Sí lo queremos. Poseemos la misma necesidad que nos ha sido dada por Dios de tener intimidad con otros miembros del sexo opuesto, al igual que las mujeres. Pero debido a que con una mujer estamos totalmente fuera de nuestro ambiente, pensamos que no hay manera de alcanzar el éxito, y a la misma vez mantener el control.

¿Y entonces qué hacemos? Cuando las cosas toman un giro demasiado personal o difícil con nuestras esposas, ¿cuál es nuestra reacción? Pues, como verdaderos líderes que somos, entramos en acción y no cesamos de tratar hasta que hayamos completado el trabajo. ¿Cierto? Ni pensarlo. Nos rendimos. Nos alejamos. Tiramos la toalla. Inventamos excusas baratas. Nos rendimos, y le cerramos todas las puertas de comunicación a la mujer. En nuestro trabajo laboramos con mayor ahínco. Nos entregamos de lleno a los deportes. Nos concentramos por completo en los proyectos de reparación del hogar. Estas son áreas en las que nos sentimos cómodos, y pensamos que en ellas tenemos una mayor oportunidad de lograr el éxito.

Caballeros, yo soy tan culpable como cualquier hombre que esté leyendo estas palabras, así que no piensen que les tiro piedras. Comprendo cómo se siente el creer, verdaderamente creer, que no puedo comunicarme y conectarme con Sandy.

Lo que yo ignoraba, y quizá tú también lo estés ignorando es, lo que dice Dios respecto al amor y el matrimonio.

Dios dice que el amor hace las cosas que son difíciles. No es amor, hacer aquellas cosas que son fáciles de hacer, las que por naturaleza hacemos. Amor significa hacer las cosas difíciles y que no son naturales. Y, amar a su esposa de la manera como ella necesita ser amada, no es cosa fácil ni natural para el hombre. Ella necesita que el esposo se abra y sea vulnerable, y que dialogue con ella a un nivel más profundo. ¡Grandioso, dirás! Para mí no hay nada más difícil.

Dios lo expresó todo por medio del apóstol Pablo en Efesios 5:25:

Maridos, amad a vuestras mujeres, así como Cristo amó a la iglesia, y se entregó a sí mismo por ella.

Este es el nivel de amor más alto que jamás se pueda alcanzar.

Jesucristo sacrificó todo, incluyendo su propia vida, por amor a nosotros. Él nunca se rindió. En su empeño por amarnos, conquistó cada obstáculo. Él es nuestro ejemplo. Como esposos debemos ser igual que Él. ¿Estaremos dispuestos a hacerlo?

Hombres, el reto mayor en la vida es comunicarse con una mujer a un nivel de mayor profundidad. A su vez, no hay mayor recompensa como el enfrentarnos a este reto y lograr el éxito. Con la sabiduría de Dios, con la información adecuada, y por medio del trabajo arduo lo podremos lograr.

Si conoces a Dios por medio de Jesucristo, tendrás su ayuda, si es que la pides. La promesa maravillosa para nosotros es:

Y si alguno de vosotros tiene falta de sabiduría, pídala a Dios, el cual da a todos abundantemente y sin reproche, y le será dada.

Santiago 1:5

Su sabiduría puede ser nuestra.

Al obtener este libro ya tienes la información adecuada. Ahora, hablemos sobre el aspecto del trabajo arduo.

Como hombres, alcanzamos el éxito cuando actuamos —cuando marchamos hacia adelante en forma decidida. Jamás ningún hombre ha logrado alcanzar el éxito estando a la defensiva y retrocediendo. Somos nosotros los líderes ordenados por Dios en la relación matrimonial. (¡Debes notar que dije *líderes*, no jefes!) Lo que esto significa es que debemos estar a la vanguardia en la lucha contra el problema control-intimidad.

Por lo tanto, salgan de sus ostras y comiencen a comportarse como líderes. Hay dos cosas que quiero que hagan —en realidad es Dios quien lo desea; yo sólo soy el mensajero—. Son dos cosas muy difíciles, quizá las dos cosas más difíciles que jamás hayas hecho. Pero cuando domines bien estas destrezas, y las estés cumpliendo con regularidad, las mismas harán una gran diferencia en tu matrimonio. Estarás cumpliendo con lo que dice Efesios 5:25.

Aprende a compartir personalmente con tu esposa

Compartir personalmente con tu esposa no es una opción. No es algo adicional que se debe hacer. Es una necesidad absoluta. Es imposible —literalmente imposible— poder tener un buen matrimonio sin ello. Podrán llevarse bien. Podrán estar de lo mejor. Pero si deseas más de tu relación, necesitas abrirte. Es tu responsabilidad el suplir las necesidades de tu esposa, y esta necesidad, es una de las más profundas. ¡Si no compartes personalmente, tu esposa nunca se sentirá realmente amada por ti! ¿No me crees? Pregúntale ahora mismo. Pregúntale hoy. ¡Anda —pregúntale!

Son muchos los hombres que me dicen en la oficina de terapia: "Dave, yo sí amo a mi esposa. ¿Qué diferencia puede hacer el que yo no comparta con ella personalmente?"

Yo les respondo: "El que compartas personalmente con ella lo significa todo".

Amarás a una persona verdaderamente, sólo cuando expreses tu amor de la manera como esa persona necesite que lo expreses. Permite que sea tu esposa quien defina cómo es que debes amarla. Su definición será: "Habla conmigo. Comparte conmigo quién eres realmente, lo que realmente piensas y lo que realmente sientes".

Puedes confiar en ella. Con ella no hay peligro. Ella no está intentando controlarte cuando desea que hables o hagas algo por ella. Lo único que desea es intimidad. Graba este pensamiento en tu cerebro: "Mi esposa desea intimidad, y no control".

Ser abierto con ella no te va a convertir en una persona débil, dominada o dependiente. La primera vez que compartas personalmente, no terminarás echado en el piso y con el pie de tu esposa sobre tu pecho. Ella no se va a reír en voz alta diciendo: "Ahora estoy al control". Lo que sucederá es que te amará y te respetará. Se sentirá más cerca y amada por ti. Te devolverá el amor de maneras tan hermosas como sólo una mujer lo sabe hacer.

Ella a nadie le hará saber tus secretos, aquellas cosas personales que compartas con ella. (Mujeres, asegúrense de mantener la boca cerrada. Si él se entera que has compartido con tu madre o con una amiga lo que él te ha dicho, pasarán por lo menos cinco años antes de que te vuelva a hablar). Una buena esposa es la persona perfecta con quien hablar. ¡Es una de las cosas maravillosas por la cual ella está ahí!

A los hombres les digo que hablar con sus esposas también es bueno para ustedes. Limpia el sistema y reduce las tensiones. Cuando te deshaces de los problemas y de las riñas cotidianas, es como soltar un saco de cincuenta libras de peso. Serás una persona más feliz y saludable. Compartir expresiones personales con tu esposa añadirán años a tu vida. ¿Sabes por qué razón los hombres mueren, como promedio, ocho años antes que sus esposas? ¡Porque así lo desean! En realidad eso no es cierto. Los hombres mueren antes que sus esposas, y una de las causas primordiales es porque no comparten lo que hay en lo más profundo de su ser. Se reprimen de emociones y tensiones, y eventualmente mueren por causa del daño interno causado por la falta de expresión.

Además de añadir años de vida, el verdadero beneficio de compartir personalmente es lograr una profunda relación con tu esposa. Podrás experimentar algo que la mayoría de los hombres nunca podrán: intimidad con un miembro del sexo opuesto. Podrás crear intimidad emocional, y la misma fluirá naturalmente hacia la intimidad física.

La libreta de apuntes

Todos los esposos necesitamos algunas herramientas para aprender cómo abrirnos con nuestras esposas. Una herramienta muy efectiva es la libreta de apuntes. Compre varias libretas de escribir —las pequeñas las podrá encontrar en cualquier farmacia o tienda de efectos escolares—. Lleve una libreta con usted en todo momento, y una pluma. Asegúrese de tener una libreta en su auto, una en su escritorio y una en casa.

La libreta es para anotar eventos, sentimientos y situaciones a lo largo del día. Tan pronto algo suceda, anótalo si crees que puede ser de interés para tu esposa. Podría ser una emoción fuerte como la ira, frustración o gozo. Podría ser también una interacción de tensión con tu jefe. Podría ser un recuerdo de algo que tú y tu esposa hicieron hace varios años. Estas experiencias te pueden parecer triviales; ¡pero no a tu esposa!

Al final del día, tendrás una buena lista de eventos que te han sucedido. Éstos son una ventana al verdadero tú, reflejará quién eres en tu interior, el que tu esposa anhela llegar a conocer. Necesitas la libreta porque si no escribes estas cosas personales en el momento cuando suceden, ¿adivina qué sucederá? Te olvidarás de ellas, y no tendrás nada que compartir esa noche con tu querida y paciente esposa. Ella te preguntará: "¿Qué sucedió hoy?" Y como un idiota responderás: "Nada".

Desafortunadamente estarás diciendo la verdad, ya que sencillamente la mayoría de los hombres no pueden recordar nada de lo que sucedió hace más de treinta minutos. Su día es igual a un rollo gigante que se va enrollando tras ellos, haciendo desaparecer todo lo que sucede. Aun cuando algo dramático sucede, si no se escribe tal y como recomiendo, un hombre no lo recordará.

Digamos que cierto hombre está almorzando en un restaurante al aire libre, cuando de pronto una oleada de gente pasa frente a su mesa. Se escuchan sirenas, autos de la policía y personas gritando. El hombre levanta la vista y ve al Papa que pasa frente a él en su papamóvil. El Pontífice se detiene literalmente, llama al hombre y le susurra al oído: "Bendecido seas hijo mío. Anda a tu casa y dialoga con tu esposa". Cuando este hombre llega a su casa, y su esposa le pregunta: "¿Qué sucedió hoy?" Él responderá en completa honestidad: "Nada". Debido a que no anotó el encuentro con el Papa, el mismo se olvidó para siempre.

Las mujeres no necesitan usar una libreta de anotaciones. Ella recuerda todos los detalles, minuto a minuto, de lo ocurrido durante todo el día. Pueden con facilidad y automáticamente, recordar cada emoción y cada evento que ocurrió desde el momento en que despertaron.

Cuando el hombre llega a su casa, su día terminó y no tiene recuerdos del mismo. Su deseo es descansar y pensar en lo que hará esa noche o el próximo día. El problema radica en que la mayoría de las grandes conversaciones tienen como base lo que sucedió hoy. Hombres, hagan uso de sus libretas.

Cuando llegues a tu casa, ayuda a tu esposa a suplir las necesidades de los hijos, y luego dirígete a ella y comienza una conversación. No permitas que sea ella quien tome la delantera haciéndote preguntas, o te sentirás a la defensiva. Puede ser que te sientas controlado. ¡Toma la delantera! Ahora tienes varias cosas que decir porque en tu libreta hay varios asuntos anotados. Toma la libreta en tus manos y comienza a contarle lo sucedido durante el día. Serás tú el que está en control, y ella se sentirá feliz de que estás compartiendo con ella.

Por cierto, no hagas lo que cierto individuo que asistió a uno de mis seminarios me dijo que deseaba hacer. Él me preguntó: "Doctor Clark, ¿no sería más fácil entregarle a mi esposa la libreta?" "¡No!", fue mi respuesta. ¡Usa la libreta, pero *dialoga* con ella!

Créanme que esta idea de la libreta es una idea ganadora, pero les tomará tiempo y mucha práctica para conquistar esta nueva destreza.

Damas, por favor, tengan paciencia mientras su esposo aprende. La primera vez que use su libreta —quizá las primeras veinticinco o treinta veces— su lista no será muy impresionante. Aquellas cosas que escoja anotar en la libreta no serán muy profundas o personales. "Fui a la tienda y compré unas pilas". "Me corté el dedo con el filo de un papel, y pensé: ¡Uuf! qué terrible cortada!" Dale tiempo. Él irá mejorando.

Elogia sus esfuerzos. Dale ánimo solamente por el primer mes. Y entonces, gentilmente —muy gentilmente— comparte con él cuál cosa te gustaría que él anote en su libreta: emociones, información sobre las personas, tensiones en el trabajo, su vida espiritual, etcétera. No impongas demandas. No critiques. No hagas mención de estas cosas en una conversación cuando él esté usando su lista de anotaciones. Espera un tiempo, y entonces en un cálido y amoroso momento hazle saber lo que te gustaría escuchar. Quizá lo quieras escribir en una nota, ya que no es tan amenazante como lo puede ser en persona.

Esposos, esa es la primera destreza que necesitan dominar a cabalidad para poder compartir personalmente con sus esposas. Hagan uso de la libreta. Les servirá de ayuda. Ahora, examinemos la segunda e importante destreza que nosotros los hombres necesitamos aprender para poder abrirnos.

Seis

Hombres que siguen, hombres que dirigen

Al león adulto macho se le conoce a través del mundo como el incuestionable rey de los animales. ¡Qué majestuosa criatura! Su inmensa y regia cabeza está adornada por una gloriosa melena de largo y lustroso cabello. Ante su feroz gruñir los demás animales huyen atemorizados. El dominante macho dirige a sus leones con valentía y acción decidida. Su asombrosa autoridad es indisputada por las hembras, y los demás machos están bajo su gobierno. Él es un líder el cual debe ser respetado y admirado. ¿Pero será esto cierto?

Lo que hasta ahora hemos expresado, sobre el león macho es la versión comúnmente aceptada. Lo malo es que ni tan siquiera se acerca a la verdad. Si es cierto que el león refleja un aire de majestuosidad, y a primera vista parece ser que es él quien de manera orgullosa toma todas las decisiones. Pero la triste realidad es que el león macho no es nada más que un débil, cobarde, ocioso y engreído hijo de mamita. Pasa todo el día durmiendo. ¡No hay otro tan vago como él! Solamente se levanta para hacer alguna necesidad o para tener relaciones con una de las hembras.

Durante la actividad de mayor importancia de la manada —matar la presa para comer su carne— es el macho quien le permite a la hembra que haga el verdadero trabajo. Lo único que él hace es gruñir desde los arbustos, logrando de esta manera que la presa se asuste y huya en dirección contraria hacia donde se encuentran las hembras. Son las damas las que deben perseguir y darle fin a la presa. Entonces, al final de la cacería, es el macho quien se acerca y devora la carne como todo un animal que es. ¡Qué debilucho!

Queridos hombres, siento decirles esto, pero en nuestros hogares, la mayoría de nosotros somos como el león macho. No somos los que dirigimos, sólo seguimos. Permitimos que sean las mujeres las que hagan todo el trabajo. Nos presentamos a la hora de la cena, y hacemos el acercamiento necesario cuando queremos tener relaciones. Y eso es todo.

Antes del matrimonio, los hombres dirigen

La segunda herramienta que nosotros las ostras necesitamos para poder abrirnos es tomar la iniciativa. Antes del matrimonio son los hombres los que toman la iniciativa la mayor parte de las veces. Invitamos a las mujeres a salir. Preparamos citas románticas y creativas. Las llamamos por teléfono. Les preguntamos si hay algún quehacer que podamos hacer por ellas. ¡Y hasta hablamos con ellas! ¡Comenzamos conversaciones de manera espontánea!

Toda esta iniciativa es parte del proceso de conquista. Cuando hay una meta deseable frente a ellos, los hombres son tan decididos, son tan activos. Toda esta actividad en la cual el hombre manifiesta iniciativa causa placer en la mujer. Las hace sentir que se interesan por ellas, se sienten amadas. Hace que el hombre y la mujer se sientan más cercanos el uno con el otro. Y por supuesto, esto los lleva al matrimonio.

Después del matrimonio, los hombres siguen

Después del matrimonio, muchos hombres cesan de tomar la iniciativa en sus hogares. Una vez que hemos conquistado una mujer, decidimos que ya podemos descansar. La mayoría de los hombres toman muy poca acción, sí alguna, en los quehaceres del hogar, con los chicos, y en la relación matrimonial. Nos colocamos a nosotros mismos en un segundo plano. Al igual que el león macho, el hombre se la pasa echado todo el tiempo, y permite que sea la hembra quien haga todo el trabajo.

Adivina quién toma control del vacío dejado por el hombre y se convierte en el líder y en el iniciador en muchas áreas. ¡La mujer! Alguien tiene que hacerlo. Ella se convierte en el capataz y es quien asigna los quehaceres. Es ella quien toma las decisiones respecto a los chicos. Si hay alguna fecha romántica especial en la que puedan salir a disfrutar juntos, es ella quien hace los planes. Pregúntale a cualquier mujer lo siguiente: "¿Verdad que es divertido planificar tu propia cita romántica y luego pedirle a él que te lleve?" ¡Qué lástima!

La mujer se encarga de los días festivos y los cumpleaños. ¡Es ella quien está al tanto de los cumpleaños de parientes y familiares! Es ella quien envía tarjetas de felicitaciones de parte de la familia. Lo único que el hombre tiene que hacer es firmar su nombre mientras emite un gruñido y menea su regia melena. ¡La mujer es quien compra todos los regalos! (La mayor parte de las veces el hombre ni tan siquiera sabe qué regalos se compraron para la familia). La mujer planifica las vacaciones y es quien empaca las maletas. Cuando el auto ya está listo con todo el equipaje dentro, entonces el hombre se presenta, se sube en el auto y maneja. Él debe tener el control. "¡Ante esto yo digo: "¡No! ¡Si no empacas, tampoco puedes manejar!"

El hombre dice: "Yo trabajo arduamente el día entero, y tomo decisiones, y lo único que quiero hacer es descansar en mi hogar". Eso no es otra cosa que una gran excusa. Yo sé que es así, porque la estuve usando con mi esposa Sandy por años.

Dios dice que los hombres deben ser líderes en sus hogares. En Efesios 5:22-23 leemos lo siguiente:

> *Las casadas estén sujetas a sus propios maridos, como al Señor; porque el marido es cabeza de la mujer.*

Eso es liderazgo. Liderazgo significa dar el paso y tomar la posición delantera, y no quedarnos rezagados en la retaguardia. A Dios no le importa si un león macho es el líder o un seguidor. Pero sí le importa si un esposo es líder o es un seguidor.

Caballeros, cuando ustedes no toman la iniciativa, están colocando automáticamente a la mujer como el líder y la que ejerce toda iniciativa. Eso te coloca en la posición del que responde, y en la posición de seguidor. Este no es el deseo de Dios, y por lo tanto no tendrá buenos resultados. Y cuando lo hagas, automáticamente estarás a la defensiva. Te van a estar diciendo lo que debes hacer, y eso no es de tu agrado. Te sientes controlado. Eso te hace sentir enojado y frustrado. Pero eres tú quien te has colocado en tal situación. ¡La culpa es tuya! En cuanto a ti se refiere, esta situación no es lo debido, pero tampoco es lo debido o lo justo para tu esposa.

Ejerce mayor iniciativa en el hogar

Hay una salida de este incómodo y francamente antibíblico papel que hemos estado desempeñando. Se logra al comenzar tomando la iniciativa en el hogar. Debes comenzar a ejercer activamente tu papel de líder. Una manera de tomar la iniciativa es usando la libreta de apuntes y comenzando las conversaciones.

Pero hay otras:

- Comienza a hacer las cosas antes de que la mujer te pida que las hagas. Cuando actúas por iniciativa propia, eliminas cualquier sentimiento de que estás siendo controlado.
- Prepara una lista diaria y semanal de aquellos quehaceres que son responsabilidad tuya. Asegúrate de cumplir con la parte que te corresponde. Anótalas, fíjalas en un lugar visible y llévalas a cabo sin que la mujer te tenga que decir ni una sola palabra al respecto. Si no cumples con tu

responsabilidad a tiempo y ella se ve obligada a recordarte lo que tienes que hacer, habrás fallado.

- Cada día, y varias veces al día, pregúntale a tu mujer cuál es el trabajo por hacer en el hogar. Aun cuando estés desempeñando las labores que regularmente te corresponden, siempre habrá imprevistos diarios que se presentan. Cuando en respuesta a tu pregunta, ella te entregue una lista de trabajos por hacer, anota los que estés dispuesto a hacer, y hazlos.

- Si tienes hijos, procura ser un padre activo. Cambia pañales, ayuda con las tareas escolares, disciplínalos, báñalos, acuéstalos a dormir y dirige el altar familiar una vez por semana. ("Y vosotros padres, no provoquéis a ira a vuestros hijos, sino criadlos en disciplina y amonestación del Señor" (Efesios 6:4). Este es el tipo de padre que tu esposa y tus hijos necesitan.

Considera el siguiente cuadro. Después de un día de trabajo llegas a casa, besas a tu esposa en los labios (no en la mejilla o en la frente), y le preguntas qué puedes hacer para ayudarla. Después de recuperarse de un casi desmayo, ella menciona algunas cosas que podrías hacer. Te ocupas en cumplir con los trabajitos adicionales que ella ha mencionado, ayudas con los niños y cumples con tus asignaciones regulares.

Cuando los niños ya se hayan retirado a su habitación, o estén ocupados en otra parte de la casa, invitas a tu esposa para que se siente contigo y compartan un tiempo de comunicación significativa. Ella te observa con una mirada extraña, y te pregunta si te estás sintiendo bien, pero acepta tu invitación. Haciendo uso de la libreta de anotaciones, comienzas la conversación compartiendo con ella algunas de las cosas interesantes que te sucedieron durante el día.

A tu mujer le encantará esta acción de tu parte. Te amará por haberlo hecho. Se sentirá amada y apreciada. Créeme que te gustaran las buenas vibraciones que de ella se desprenden.

Será una gran noche, sólo porque tomaste la incitativa. ¡Porque dirigiste el camino! Esto es liderazgo masculino. (Lo cierto es que podrás gozar de muchas noches excepcionales si tan sólo sigues estos pasos). ¿Te imaginas cuánto mejoraría la relación con tu esposa si tomas la iniciativa de esta manera todos los días? El hacerlo por lo menos tres o cuatro veces a la semana va a representar una gran diferencia en la relación. Inténtalo y verás.

Cuando tomas la iniciativa, aligeras la carga de tu ocupada esposa. Las mujeres no fueron diseñadas para ser las iniciadoras principales, y esto las agota. Tu mujer tendrá más energía, y parte de esa energía podrá ser usada para suplir tus necesidades. Cuando tomas la iniciativa, tu esposa se siente más cerca a ti, y serás tú quien de manera saludable está en control. La librarás a ella de sentirse en la obligación de cumplir con el papel paternal de la Gran Mamá que dice: "Yo soy quien mando", y de regreso al suave y cálido papel de "Yo soy tu esposa". Y ella, volverá a respetarte nuevamente, podrá amarte de una manera más profunda y más romántica. Ella estará aun más interesada en las caricias físicas y en el sexo.

Sobre todo, Dios estará complacido, y te honrará por haber obedecido sus instrucciones que se encuentran en la Biblia.

Siete

¡Mujeres, suelten sus palancas!

L a descarga verbal en contra de los hombres es un
deporte popular en la cultura secular y en la comunidad
cristiana. Los hombres son unos pasmados, seres de-
testables e insensibles. Son egoístas groseros, semejantes al
hombre de las cavernas y sencillamente no poseen las herramientas para relacionarse, y mucho menos para conectarse con una
mujer.

La percepción de la cultura norteamericana respecto a los
hombres ha cambiado dramáticamente en los últimos treinta
años. Dicho cambio se puede apreciar con mayor claridad en
los medios televisivos. En la década del 60 y del 70, los esposos
y padres de familia en la televisión eran hombres estables,
bondadosos y amorosos. Teníamos como ejemplo a hombres
como Ward Cleaver y Mike Brady. En la década de los años
80 y 90 nos hemos tenido que enfrentar a tal prototipo de
virtudes como los son J.R Ewing y Pee Wee Herman. Un
contraste radical, ¿no lo crees?

Las películas y los programas de entrevistas nos presentan
un interminable desfile de hombres que abusan de sus esposas,
alcohólicos, asesinos en serie, hombres que abusan de menores
y adúlteros. Los libros de mayor venta atraen a las mujeres
lectoras con títulos tales como: "Hombres que (llena el espacio
en blanco con cualquier estilo de vida o crimen horrendo), y
las mujeres que (los aman/los toleran/los soportan)".

¡Basta ya! ¿Dónde están los hombres normales? ¿Dónde están los verdaderos hombres? La mayoría de los hombres somos personas comunes y corrientes. No somos una manada de enfermos mentales o malignos desviados cuya satisfacción es destruir las vidas de las mujeres. No somos perfectos, pero tampoco matamos a nadie ni abusamos de nuestras esposas. Lo cierto es, que la mayoría de nosotros amamos a nuestras esposas y deseamos tener buenos matrimonios.

El problema no sería tan crítico si fuera nuestra cultura la única que se encarga de maltratar verbalmente a los hombres. Y lo cierto es que tal actitud sería perfectamente comprensible. La descripción gráfica de hombres malos y perversos produce grandes "proporciones" en los medios de comunicación y venden muchos libros. El problema para nosotros radica en que esta baja percepción respecto a los hombres se ha filtrado también en la comunidad cristiana.

Demasiados son los libros cristianos, los programas radiales y los seminarios matrimoniales que señalan a los hombres como el único problema dentro de la relación matrimonial. A menudo, a los hombres se les arrastra por el fuego de sus faltas personales, mientras que a las mujeres se les despide con tan sólo una palmadita en las manos. Esta manera desbalanceada de abarcar el asunto no es justa, no es acertada y necesita ser corregida. ¡Y precisamente soy yo el tipo que lo puede hacer!

Es muy fácil culpar al hombre por los problemas maritales. Sus errores son muy obvios. Él no permite la proximidad, y resiste los intentos de la mujer por lograr la intimidad entre ambos. No habla y no es romántico. No llegará a casa a tiempo después que sale del trabajo. No lo hará, no lo hará. Créame que no lo hará.

No hay duda alguna de que la mayoría de los hombres poseen tales debilidades. Los hombres tienen sus faltas, y soy bastante fuerte con ellos durante las terapias en mi oficina y en los seminarios. Nosotros los hombres, escogidos por Dios para ser líderes en nuestros matrimonios, necesitamos trabajar arduamente en nuestras habilidades para relacionarnos. Los hombres *son* la mitad del problema en sus matrimonios. ¿Puedes adivinar quién es la otra mitad? Exactamente. Para cada ostra, existe una palanca. Yo soy bastante fuerte con las mujeres también, porque ellas son tan parte del problema marital como lo son los hombres.

Queridas damas, ustedes también tienen su propia colección de debilidades de relación. A diario ustedes hacen —o dejan de hacer— cosas que son un impedimento para alcanzar la intimidad que tanto anhelan y necesitan.

Así es. En este capítulo les estoy hablando a ustedes las damas directamente. Cada una de ustedes, las palancas, tienen mucho trabajo por delante que hacer. Deben percatarse de lo que están haciendo mal, y proceder a corregirlo. Cuando corrijan su mitad del problema, no podrán hacer nada más. El resto depende de los hombres. Pero créanme que, al comenzar a hacer cambios en las áreas clave que a continuación les he de describir, existe una muy buena posibilidad de que logren motivar a su ostra a proceder en algunos cambios saludables también.

No presiones tanto

Muchas de ustedes cometen el error de aumentar e intensificar esfuerzos por abrir la ostra. Han determinado entrar en esa ostra. Después de todo, no tan sálo te has de beneficiar tú, sino que también tienes en mente el mejor interés de la ostra. Si él permanece cerrado, no habrá intimidad, y él morirá lentamente allí encerrado. Así que, al igual que Juana de Arco, haces un juramento con sangre donde decides salvar la situación. Atacarás y le caerás a palo a esa ostra hasta que un día, un hermoso y bello día, él se abrirá, y toda la naturaleza se regocijará. (Debes recordar que a pesar de toda su pasión y voluntad por lograr la victoria, Juana de Arco murió quemada en la hoguera). Si atacas de frente a la ostra, arderás en la hoguera igual que la pobre Juana.

Escúchenme. Mis queridas Palancas, si ustedes empujan con demasiada fuerza, sucederán tres cosas, y cada una de ellas es mala.

Primero, activarás su alarma del control, y obedeciendo a su naturaleza de ostra se cerrará con mayor intensidad que antes. En realidad estarás creando una situación en la cual se le hará aun más difícil para la ostra responder a ti. Instintivamente se cerrará por completo. Si él sabe que verdaderamente deseas intimidad, se pondrá aun más tieso que antes. Él ve la situación como una competencia, como una lucha de poder, en la cual hay algo que él puede perder. Y por supuesto, su intención es ganar.

Damas, piensen por un momento. ¿Cuántas veces te has acercado al hombre con una importante petición, sólo para ser rechazada fríamente? Quizás estabas llorando. Quizás estabas literalmente temblando de rabia. Quizás estabas chillando en voz alta. La triste verdad es que, con un hombre, mientras más deseas algo menos posibilidades hay de que las consigas. Suena loco, ¿verdad?

Si no te rindes, y continúas intentando conseguir lo que deseas, él continuará negándolo. Pero si te rindes, echas a un lado la palanca, y aceptas que no vas a lograr tu cometido, algo asombroso sucede. ¿Qué es lo que sucede? ¡El hombre, ahora ya no sintiéndose amenazado por el control, a menudo vendrá a ti y te dará lo que deseabas!

La segunda cosa mala que pasa es que tu intensidad se convierte en el asunto principal. Tú lo que deseas es intimidad, y esa es una petición perfectamente razonable e importante. Pero si la solicitas con demasiada intensidad, tu deseo por intimidad se pierde completamente en la transacción. Créeme que intimidad, es lo último en la mente del hombre mientras le están pegando con una palanca. Él se siente atacado. "¡Auxilio! ¡Auxilio! ¡Esta mujer intenta matarme! O peor, ella intenta controlarme". Él ni se percata de la razón por la cual estás tan tensa, sólo se ha percatado de que sí lo estás.

Durante el proceso en que lo estás bombardeando con preguntas o le estás rogando que hable contigo, él está lidiando con pensamientos poco lisonjeros: "Tengo que irme de aquí" "¿Cómo me podré deshacer de esta mujer gritona?" "¡Cielos, parece estar bastante enojada, qué mujer tan criticona!" "Ahora sí se pasó de la raya" "¡Ya está fuera de control, cómo se atreve a usar ese tono de voz!" Él no te va a expresar tales sentimientos, pero sí los estará pensando.

Conozco lo que los hombres están pensando, porque —aparte de que también soy hombre— cuando trabajo con ellos en las sesiones de terapia matrimonial logro que los hombres me digan lo que están pensando. ¿Cómo?

A menudo le pido a la mujer que manifieste su rutina usual como palanca, y después de varios minutos, le pido al hombre que me diga lo que está pensando. A menudo la esposa se asombra de escuchar el diálogo interno defensivo que está tomando lugar en la mente de su esposo. Ella no se percata de lo tensa que el hombre la percibe a ella, y la manera tan abrumadora e instantánea como esto lo apaga a él.

En tercer lugar, queridas damas, cuando ustedes presionan demasiado fuerte sufren daño personal. En ustedes aumenta el sentir de resentimiento, depresión y se sienten heridas. Su estima propia y confianza personal se esfuma. Debido a que anhelan tanto la intimidad con su hombre, es muy fácil hacer de esto el enfoque primordial en sus vidas. Aunque sí lo comprendo, pero creo que esto es un inmenso error.

He dialogado con muchas mujeres que han sido quebrantadas al tirarse constantemente sobre la ostra. Lograr que el hombre se abra lo han convertido en su meta principal. Su nivel de frustración, tensión y amargura es elevadísimo. El resultado viene a ser una variedad de problemas físicos y sicológicos.

Parte de mi trabajo como psicólogo es, convencer a estas palancas de que la vida es mucho más que la firme resolución en la que se empeñan de conseguir una ostra abierta. Lo que les digo es que se están buscando un triple problema. En primer lugar, sus intensos esfuerzos están destinados a fracasar. Segundo, si esta es su meta número uno en la vida, entonces experimentará el fracaso continuo ya que nunca lo podrán lograr. Y tercero, sufrirán los mismos problemas físicos y sicológicos que sufren los veteranos de una guerra por el cansancio que sienten al haber sido derrotados.

Queridas damas, créanme cuando les digo que no hay nada específico que puedan hacer para abrir su ostra. Cualquier intento directo con un hombre, está destinado al fracaso. A menos que disfrutes ser una mártir y desgastar tu vida, suelta tu palanca, y aléjate... aléjate... despacio.

El control siempre será parte del hombre —siempre. No podrás deshacerte de ello. Es un rasgo de la personalidad que le ha sido dado por Dios a cada hombre. Tendrás que aprender a lidiar con ello de manera sutil e indirecta. Permíteme enseñarte cómo hacerlo.

Aléjate un poco del hombre

Estás demasiado cerca al hombre, y es tiempo ya de crear un poco de espacio entre ambos. ¿Qué haces cuando en medio de una conversación alguien se te acerca físicamente más de lo debido? La persona está invadiendo tu espacio personal. Puedes sentir su aliento, y sabes perfectamente lo que comió en el almuerzo. Cuando esto sucede, te alejas a cierta distancia en la cual te sientes cómoda, ¿cierto?

Lo mismo sucede cuando emocionalmente te acercas demasiado a un hombre. Estás invadiendo el espacio personal del hombre, sacudiendo en el aire tu palanca, y naturalmente él se alejará de ti. Debes ser tú la que se aleja. No te alejes demasiado. No lo ignores. No dejes la relación. Sólo te debes alejar lo suficiente como para que tú y él tengan espacio donde maniobrar.

Busca qué hacer.

Tu esposo debe formar parte de tu vida, pero no debe ser toda tu vida. Aun si esta ostra en algún momento aprende a abrirse para ti, todavía vas a necesitar tener tu propia vida. Él no podrá suplir todas tus necesidades por mucho que él lo desee. En el mejor de los casos, él tan sólo podría suplir diariamente treinta por ciento de tus necesidades mínimas requeridas. Eso dejaría un setenta por ciento que debe ser suplido por cualquier variedad de recursos adicionales.

Es necesario que desarrolles y nutras tu relación personal con Dios. Ciertamente es Dios quien debe ser el "medio" principal del cual recibes tu combustible diario. Si no conoces a Dios personalmente, entonces el primer paso debe ser establecer esa relación a través de la fe en Su Hijo, Jesucristo.

Existe un solo Dios, el Dios de la Biblia. Hay una sola manera de llegar a Dios, y es por medio de Jesús. Si crees que Jesucristo murió en la cruz para pagar por tus pecados (todo lo malo que hayas hecho), y que resucitó al tercer día de entre los muertos, entonces, el día que mueras vas al cielo, a pasar una eternidad con Dios; eres cristiana porque crees en él como tu único y verdadero salvador. Conoces a Dios.

Una vez que conoces a Dios, necesitas crecer en una relación personal con Él. Mientras más te acercas a Dios, mayor será el poder, la paz y el gozo que experimentarás en tu vida. Invierte tiempo a solas con Dios diariamente, orando y leyendo la Biblia. Eleva oración a Él durante el día. Abre tus ojos y observa cómo él va guiando diariamente cada uno de tus pasos. Procura que la asistencia a la iglesia y el compartir con otros creyentes se convierta en parte vital de tu vida.

Aunque Dios es extremadamente importante y necesario para suplir tus necesidades y darte felicidad, también debes procurar desarrollar otras fuentes de recursos en tu vida personal. Cada dama que esté leyendo estas palabras debe —y repito *debe*— tener por lo menos una amiga de confianza. Estoy hablando de una verdadera relación, una compañera, una mejor amiga. Alguien con quien puedas compartir tus sentimientos más profundos: tus triunfos, tus tragedias, tu andar con Dios, tu matrimonio, tus hijos, tus esperanzas y tus sueños. Alguien con quien puedas reír y llorar, y ante quien puedas ser quién verdaderamente eres.

Es necesario que desarrolles una vida fuera del hogar. Esto podría significar trabajar algunas horas fuera del hogar, servir en actividades como voluntaria, involucrarte activamente en la iglesia, un pasatiempo, o una combinación de todas estas que hemos mencionado. No cometas el error de colocar todos tus huevos en la canasta del hogar. El hogar, el matrimonio y la familia son de vital importancia, pero no son suficiente para llenar tu depósito de necesidades. Así que: ¡Sal de tu casa y comienza a vivir!

Además de esto, es necesario que te involucres en un programa regular de ejercicios. Por supuesto, los hombres lo deben hacer también. La energía y vitalidad requerida para desempeñar las tareas diarias, podrás adquirirla en parte por medio del ejercicio. Lo único que necesitas son treinta minutos de ejercicio moderado, tres veces por semana. Y eso será suficiente. No es necesario que te entrenes como un atleta olímpico con tal de estar en excelente estado físico.

Alejarte un poco de tu esposo y desarrollar tu propia fuente de recursos que suplan tus necesidades, resultará ser de gran beneficio en tres maneras:

- Primero, es beneficioso para tu persona, lo cual es el punto principal. Experimentarás mayor felicidad y satisfacción al ser suplidas tus necesidades. Al estar siendo usada por Dios en su servicio podrás experimentar lo bien que se siente.
- Segundo, este desarrollo personal te ayudará a vivir junto a tu ostra. No es fácil vivir con una ostra. En la

Los hombres son ostras

medida en que tu vida se vaya ampliando, tendrás la energía y la paciencia para soportar la ostra. Cuando él se tranque y te deje fuera, dolerá aún, pero tendrás a tu disposición los recursos para contrarrestar el dolor. Su actitud te molestará, pero no arruinará tu día y tampoco te derrumbará emocionalmente.

- Tercero, tu enriquecimiento individual es bueno para tu esposo. Él mismo disminuye la presión que él siente de suplir tus necesidades. Crea un espacio de mayor comodidad entre tú y él. Saber que no tiene que suplir todas tus necesidades, libera al hombre para hacer más a tu favor. Tu crecimiento personal no lo hará sentir amenazado. Al contrario, es muy posible que lo motive a desplazarse hacia ti. Cuando un hombre reconoce que no *está obligado* a hacer algo, las posibilidades de que lo haga son mayores.

Ocho

Trabaja y habla menos, alaba más

Es bastante difícil edificar tu propia vida si estás ocupada cumpliendo con noventa por ciento de los quehaceres del hogar. No sólo llegarás a resentir al hombre, sino que te agotarás física y emocionalmente también. He asesorado a muchas mujeres quienes sencillamente no poseen la energía o el tiempo para salir del hogar y hacer aquellas cosas que desean. Ellas sienten que deben cumplir con la mayoría de los quehaceres del hogar. Lo que quiero decir es, si el hombre no cumple con la parte que justamente le corres-ponde, ¿Qué puedes hacer entonces?

Deja de hacer todos los quehaceres

Te voy a decir lo que puedes hacer. Puedes dejar de cumplir con aquellas tareas que a tu parecer, es el hombre quien las debe hacer. No tienes por qué enojarte al respecto. No tienes por qué ser grosera. No hay por qué participar en escenas de histeria y dramatismo. Sencillamente le comunicas que ya no serás responsable por dichas tareas y quehaceres, y le entregas una lista donde aparezcan las mismas enumeradas.

Seamos sinceros. Si el hombre reconoce que eventualmente te vas a rendir y vas a terminar haciendo las tareas, él con mucho gusto te permitirá hacerlas. Por lo tanto, debes

---

demostrarle que en esta ocasión tu decisión es firme. En esta ocasión no puede haber retroceso. No se trata de un masivo reto personal o de un enfrentamiento emocional. De hecho, mientras menos emoción manifiestes, mejor será. De esta manera, él podrá reconocer que hay seriedad en tu decisión.

A principios de nuestro matrimonio, era Sandy quien hacía todo en nuestro apartamento. (Yo por supuesto era un importante estudiante de seminario. Tenía que estudiar mucho. Me estaba preparando para mi carrera). Cierto día, Sandy me informó que ya estaba cansada, y me señaló las tareas por las cuales yo debía responsabilizarme. Después del asombro inicial y la ira que sentí, comencé mis labores. Me percaté de que casi inmediatamente Sandy estaba más feliz, y gozaba de mayor energía y tiempo para suplir sus necesidades y las mías.

He aquí la manera de hacerlo: Exprésale a tu esposo que estás arrepentida por haber creado un monstruo. Menciónale que por varios años, debido a que eras tú quien hacía todas las labores del hogar, lo entrenaste a él a no hacerlo. Pero ya no más. Dile que quizás le tome algún tiempo ajustarse a este nuevo sistema, pero estás esperanzada de que él pueda cumplir. Dile que lo apoyas, y que a pesar de que el ajuste será un tanto difícil, valdrá la pena el esfuerzo. No vas a seguir esclavizada porque te está destruyendo física, emocional y espiritualmente. No tienes la oportunidad de hacer tu propia vida, y tampoco puedes ser una buena esposa. Exprésale que te sientes (como Sandy solía sentirse) demasiado cansada, ocupada y resentida.

Supongamos que tu esposo se resiste a este nuevo papel, y le toma cierto tiempo ajustarse al sistema. Si tus hijos tienen edad suficiente (ya están en la escuela), asígnales trabajo a ellos. Si tienes los medios económicos para hacerlo, ocupa los servicios de una ama de llaves que venga a tu casa una vez por semana y que haga aquellas tareas que él debería estar haciendo. Hay esposos que carecen de toda vergüenza, y van a permitir que los hijos o el ama de casa hagan lo que a él le corresponde. Pues que así sea. De todas maneras, te estarás beneficiando al no desgastarte haciendo tales labores.

¿Qué hacer con un hombre que promete hacerse cargo de los proyectos de reparación y mantenimiento alrededor del hogar, pero evade su responsabilidad y no cumple? No te preocupes por regañarlo. Con eso sólo conseguirás que se resista aun más. Sencillamente dale un tiempo razonable para que complete el trabajo. Si fracasa en cumplir con lo prometido dentro de la fecha designada, ocupa entonces los servicios de un tercero, o procura la ayuda de algún amigo para que ayude. Si esto le causa vergüenza, ¡Que sufra! La decisión fue suya.

Hace muchos años estuve dándole terapia a una señora casada, la cual se quejaba de que su esposo rehusaba cortar el césped. La hierba creció y creció, y ella se estaba volviendo loca. Le dije que tomara las cosas con calma ya que serían los vecinos los que le echarían la culpa al hombre de la casa, y no a ella. Le recomendé que pusiera un letrero grande en el frente de la casa en el cual debía escribir: Mi esposo no quiere cortar el césped. Le dije a la señora que no cortara el césped, a pesar de que éste crecía hasta lo máximo. Si mal no recuerdo, no usó la idea del letrero. Pero sí ocupó los servicios de un chico del vecindario para que lo cortara. Eventualmente, su esposo decidió cortar el césped regularmente ya que de esta manera se ahorraría el dinero. Creo que él se sintió avergonzado; pero a fin de cuentas, cumplió con su responsabilidad.

Deja de hablar tanto

Señoras, permítanme adivinar. Son ustedes las que comienzan el noventa y ocho por ciento de las conversaciones con sus esposos, ¿cierto? Ustedes hablan sobre cómo les fue durante el día. Describen los eventos en su vida. Comparten sus emociones. Y si él no reacciona a lo que le están compartiendo, entonces le hacen preguntas.

¿Cómo les ha resultado este sistema de comunicación? ¿Reacciona tu esposo a tus preguntas hablando sobre su vida y compartiendo contigo sus emociones? Lo dudo. Cuando eres tú quien comienza prácticamente todas las conversaciones, estás actuando como una palanca. Como resultado él se colocará a la defensiva, y dejará de hablar.

Ya es tiempo de probar algo diferente. Cesa de ser quien comienza todas las conversaciones. Puedes comenzar algunas —hasta cincuenta o sesenta por ciento— pero no todas. Sé más callada con el hombre. Procura sentirte cómoda con el silencio. Muy posiblemente será él quien comience algunas conversaciones por cuenta propia. Quizá sea él quien dialogue sobre el día que tuviste. Quizás él te pregunte qué es lo que estás pensando, y cómo te sientes. ¿No crees que eso sería un cambio bonito?

Si él te pregunta: "¿Por qué estás más callada de lo normal?", dile: "Querido, es que estoy un poquito cansada de siempre ser quien comienza las conversaciones entre nosotros. Creo que he estado monopolizando el diálogo entre ambos y deseo darte una oportunidad. Quizá tome un poco de tiempo, pero me gustaría que seas tú quien intente hablar primero, por lo menos en algunas ocasiones".

No sólo comienzas demasiadas conversaciones, sino que también corres con ellas. ¿Cómo podré decirte esto delicadamente y con sensibilidad? ¡Hablas demasiado! Llenas los aires con demasiadas palabras y saturas al hombre. Él deja de prestarle atención a lo que dices, y cuando te percatas de ello, entonces te enojas y te sientes herida. Se acabó la conversación. Y si resulta que él no ha dejado de prestarte atención, y realmente te está escuchando, de nada valdrá de todas maneras. Mientras más palabras uses, mayor será su resistencia al diálogo. Él no puede competir con tu impresionante verborrea, y por lo tanto no lo intentará. Y además, se le hará imposible añadir una sola palabra a la avalancha de oraciones que de tu boca proceden.

No va a ser fácil, pero debes reducir la cantidad de palabras que usas. Pon a prueba esta técnica, la cual ha servido de gran ayuda a muchas de las parejas que reciben terapia en mi oficina: la regla de diez minutos. Habla por diez minutos y luego toma un descanso. Entonces es la oportunidad del hombre para hablar. Él puede responder a lo que hayas dicho, o decidir compartir sus propias ideas. O también es posible que él no tenga nada que decir al llegar al tiempo designado de diez minutos. Podría ser una posibilidad muy factible. Si esto sucede, permite que haya un tiempo de silencio. Dale la oportunidad de que responda, de que diga algo. Como podrás ver en un capítulo posterior, los hombres necesitan tiempo para procesar. Si aun no tiene nada que decir, entonces permite que haya más silencio, o habla sobre otro tema por diez minutos.

Cambia tu estilo de conversación

Para evitar que el mecanismo de control del hombre sea activado, debes aprender cómo acercarte a él de manera diferente. Es necesario que ocurra un cambio fundamental en tu estilo de conversación. Si puedes admitir que el estilo que hasta ahora has usado no está funcionando, te invito a que intentes usar el mío.

Una sola vía para comunicarte

Primero, cuando desees algo de tu esposo, necesitas aprender a expresar tu petición por medio de una sola vía. Quizá deseas ayuda con los chicos, ayuda con los quehaceres, su atención, su tiempo, o que él se abra y comparta contigo algo de índole personal. Cualquier cosa que quieras o necesites de él, debes pedirlo directamente y de manera concisa, en tono de baja intensidad, sin la expectativa de una respuesta.

La idea es enviar tu petición en una manera que te asegura que la misma ha de ser escuchada y tomada en consideración por él. Así que debe ser breve. Mantén control sobre tus emociones y tu nivel de intensidad lo más bajo posible. Y por encima de todo, no preguntes o esperes que él te responda. Esto no es un diálogo. Sencillamente entrega tu mensaje, y olvídate del asunto. Permite que corra el silencio, cambia el tema o aléjate. No menciones el tema otra vez. Será él quien debe acercarse a ti con una respuesta, si es que la tiene.

Debes estar pensando: *¿Cómo voy a mantener mis emociones controladas y mi nivel de intensidad bajo? ¡Soy mujer! ¡Intensidad emocional es lo que hago!* Lo sé, lo sé. No estoy sugiriendo que te conviertas en un robot emocional. Sencillamente debes intentar mantener tu nivel de intensidad por debajo de lo usual. Seguirás manifestando intensidad, pero si la misma está por debajo del nivel de tolerancia del hombre, no habrá problema.

Pídele al hombre que te ayude mientras practicas. Debes admitir ante él que reconoces que tu nivel de intensidad lo aleja de ti, y que estás tratando de acercarte a él de manera diferente. Pídele que te informe si eres demasiado intensa cuando le haces alguna petición. Por medio de la práctica podrás aprender cuán intensa puedes ser, sin llegar hasta el punto de apagar su espíritu.

He aquí un ejemplo de lo que una esposa le podría decir a su esposo mediante el uso de este método. Ella se sienta junto a él en el estudio y dice: "Querido, en estas últimas semanas has estado demasiado ocupado en el trabajo. Debe ser difícil trabajar tantas horas. Me haces falta y deseo pasar tiempo contigo. Me gustaría que en las próximas noches separes cierto tiempo para que hablemos, y que me saques a pasear la noche del sábado. Lo dejo en tus manos. Piénsalo". Entonces ella se levanta y se marcha de la habitación.

Esta dama ha hecho lo mejor que puede en una comunicación de una sola vía. Ella expresó una necesidad de manera honesta y breve, pero sin intensidad. Existe por lo menos un chance de que el hombre responda, ya que el mensaje lo escuchó sin sentirse bajo presión o a la defensiva. Ella dejó la pelota en su cancha, lo cual le permite a él hacer uso del control que necesita. Ella no hará nada para manipular o forzar una respuesta de su parte. Todo depende de él.

Escríbele al hombre

Otra herramienta efectiva en la comunicación de una sola vía es escribirle una breve nota al hombre. Usualmente le haces la petición al hombre verbalmente, pero a veces, una nota puede ser de gran ayuda, especialmente si el asunto es muy importante. Puedes decir exactamente lo que deseas sin temor a la intensidad, porque la comunicación es por escrito y no en persona. El control del hombre no se ve amenazado, ya que tan sólo es él y la carta. Las posibilidades de que reciba tu mensaje y lo piense son muy buenas. De igual manera como en la comunicación de una sola vía verbal, no debes presionarlo para que te dé una respuesta.

Es muy posible que el hombre ni tan siquiera mencione haber recibido tu nota. Debes morderte la lengua con tal de no hacer la patética y clásica pregunta típica de una palanca: "¿Leíste mi nota?"

Limpia tu sistema

El último método en la comunicación de una sola vía es la expresión periódica de tus sentimientos, cuando el hombre no se abre y suple tu necesidad de intimidad. Cuando el hombre te hace sentir enojada, te hiere, o te desilusiona, es necesario que estos sentimientos dolorosos sean expresados y liberados. No con el propósito de conseguir una reacción, sino con el propósito de limpiar tu sistema y evitar el acumulamiento de amargura.

La misma regla de comunicación de una sola vía se aplica. Sea en persona o por carta, debes compartir brevemente tu dolor con el hombre. Debes asegurarte de no demandar de él una respuesta. Puedes hacer esto repetidamente luego de varias semanas, o cuando te percates de que el dolor que sientes te está impactando personalmente, espiritualmente o afecta la relación.

He aquí un ejemplo de una nota que fue escrita por una esposa quien estaba en necesidad de limpiar su sistema:

> Querido Bob:
> Hay ciertas cosas que necesito expresarte. En los últimos meses he sentido que tu actitud hacia mi persona ha sido distante y llena de crítica.
> He intentado hacerte hablar sobre lo que te esté molestando, pero has rehusado hacerlo. Creo que te he estado machacando, y lo siento. Estoy airada y herida por la manera como has cerrado la puerta de la comunicación entre nosotros.
> Cuando estés listo para decirme qué es lo que ha estado sucediendo, aquí estaré.
> No es necesario que respondas a esta nota. Tan sólo necesitaba expresar mis sentimientos para no convertirme en una persona amargada y llena de rencor.
>
> Con amor, Betty

Alejarte del hombre de esta manera y hacer uso del método de comunicación de una sola vía es beneficioso para ti, y posiblemente capte la atención del hombre. Si vas tras él, como suelen hacer erróneamente algunas mujeres, nunca alcanzarás el éxito de la intimidad que anhelas. Él se alejará corriendo cada vez. Pero sin embargo, si es él quien va en tu busca, ¡entonces lograrás lo deseado!

Conviértete a ti misma, no en un reto del cual hay que huir y resistir, todo lo contrario, en alguien a quien hay que volver a conquistar. Y es probable —muy probable— que puedas conseguir que el hombre se encarrile de nuevo hacia un comportamiento de conquista. Los hombres *necesitan* conquistar. Así que aléjate un poco, y veamos si tu ostra viene en tu busca.

Aprende a elogiar a tu hombre

Queridas damas, no quiero que piensen que les estoy sugiriendo que se alejen en cada área de la relación con su hombre. No es esto lo que sugiero. Ustedes continuarán comenzando la parte de las conversaciones que les corres-ponde, continuarán supliendo necesidades y continuarán expresándole su amor a su hombre. Elogiar a su hombre es una de las maneras más poderosas de amarlo. Y es uno de los secretos para lograr que la ostra se abra. Es tu ostra la que va a decidir si se abre o no, pero querrá hacerlo cuando sea colmado de elogios. Es cierto, queridas damas, dije colmado. Lo cual significa hacerlo bastante y a menudo. Un pequeño y simbólico elogio no harán la obra. Eso sería igual que comer dos pedacitos de un fabuloso "filet miñón", y ver cómo el mesero lo retira de inmediato. Eso sería muy cruel.

Los hombres necesitan ser elogiados, especialmente por sus mujeres. No es algo que sencillamente nos hace sentir bien. No es un simple ingrediente adicional. Es algo que *necesitamos* recibir de ustedes. Las mujeres nos elogian durante el noviazgo, y dejan de hacerlo después de la boda. Y por ahí se nos fue el "filet miñón".

Los hombres necesitamos el elogio, porque sencillamente nos agrada la atención y la satisfacción recibida producto de haber hecho un buen trabajo. Una palmadita en la espalda se siente muy bien. Nos gusta recibir crédito por las cosas que hacemos. Puede parecer una insignificancia, pero es la verdad. (Es un asunto de hombre, ¿está bien? Somos motivados externamente). También necesitamos el elogio porque a nuestro parecer, las mujeres son bastante confusas, y es muy difícil descifrar qué es lo que las hace feliz.

Necesitamos recibir realimentación por parte de ellas en forma del elogio, por el comportamiento que les causa placer.

Si hago un trabajo para mi esposa Sandy, y ella no comenta nada al respecto, reacciono de dos maneras. Me siento herido y enojado por no haber recibido el elogio. Y también pienso

---

que el trabajo realizado no significó mucho para ella. Si Sandy desea que yo continúe tomando la iniciativa y la ayude, ella debe elogiarme. Sí es cierto que hacer estas cosas es mi responsabilidad, pero el elogio permite que se hagan con mayor facilidad.

Muchas mujeres tienen dificultad a la hora de elogiar a sus hombres, especialmente por los trabajos pequeños. Las mujeres piensan: *Eso no es nada en comparación con lo que yo hago.* Es cierto, pero ese no es el asunto. Aquí el asunto en cuestión es, queridas damas, que es inteligente desarrollar el hábito de halagar a tu hombre cuando éste haga algo que es de tu agrado. Por este medio le estás enseñando cómo amarte, cómo suplir tus necesidades. No supongas que él reconoce que estás complacida con cierto comportamiento. ¡Debes expresarlo! ¡Hazlo sentir como que ha hecho algo bueno!

Él continuará exhibiendo el mismo comportamiento que estás elogiando, y hará aun más, en espera de mayores elogios. Él se sentirá amado, más cerca a ti, y lo mejor de todo: ¡La ostra se abrirá con mayor facilidad! Cuando un hombre es colmado de elogios, se siente tan bien y tan seguro de sí, y en completo control, que se dispondrá a abrirse y dejarte entrar.

Pero por favor, no te le eches encima ahora, creando una gran conmoción. Eso no es necesario. Pregúntale qué tipo de elogio y refuerzo positivo él desea. Permita que sea él quien defina el elogio. Puede que sean unas pocas palabras. Podría ser una caricia o alguna comida favorita. Averigua qué es lo que él desea, y dáselo a menudo. Es un pequeño precio a pagar, por la posibilidad de motivar a tu ostra para que se abra.

Nueve

Tu problema es mental, querida

U n hombre y una mujer conversan. Nadie más los acompaña. Al principio, todo marcha bien. Hay contacto visual entre ambos, y una agradable intimidad. Ambos se turnan, hablando y escuchando. Pero de pronto, sucede lo inesperado. La mujer se percata que el hombre no la está escuchando. Ella percibe todas las señales que le confirman este hecho. La boca del hombre cuelga entre abierta sobre su pecho, y un hilillo de saliva corre por su barbilla. Sus ojos se ven vidriosos y su mirada fija se pierde en el horizonte. Su cuerpo está rígido. No se percibe la más mínima contracción.

¿Será un derrame cerebral? ¿Habrá sufrido un ataque cardíaco? ¿Habrán invadido su cuerpo los extraterrestres? No. Lo que le ocurre es aquello que las mujeres tanto odian. Es lo que las vuelve locas. Es, *la zona*.

La zona masculina

La zona, es un punto de vacío mental en el cual los hombres incursionan periódicamente. Durante la zona, parece ser que hay muy poca, si acaso alguna, actividad cerebral. Por un breve período de tiempo, el hombre no percibe ni un solo pensamiento consciente. Prácticamente, en este estado que carece de toda intención y propósito, el hombre no es nada más que un vegetal.

La mujer, toma este estado de la zona personalmente y dice: "¡No me estás escuchando!" Y es cierto. Él no la escucha. A este nivel, ya la cosa se ha puesto mala de verdad. La mujer se siente insultada y enojada porque el hombre no le estaba prestando atención. Pero el asunto empeora. La mujer, siendo mujer, tiene que hacerle la siguiente pregunta: "¿Y qué estabas pensando?" El hombre, siendo hombre, tiene que responderle con toda sinceridad: "Nada". La mujer no lo puede creer. "¿Cómo que nada?" Ella no puede ni tan siquiera imaginarse el tener la mente en blanco, y no pensar en nada. A ella nunca le ha sucedido. Por lo tanto, ella está convencida de que él miente. ¡Él tiene que haber estado pensando en algo!

Hombres, si tan sólo se nos ocurriese decirle cualquier cosa, quizá eso ayude a satisfacer su curiosidad. O por lo menos nos evitaría ciertos problemas.

"En este mismo momento estaba pensando en una cura para el cáncer".

"Estaba pensando en cómo lograr la paz mundial".

"Querida, qué interesante que me lo preguntas, ahora mismo estaba pensando cuán hermosa eres".

¡Oh, si tan sólo pudiésemos decirle algo, cualquier cosa, respecto a lo que estábamos pensando! ¡Pero no podemos! Tenemos que admitir la triste y lamentable verdad. No teníamos absolutamente nada en el cerebro.

Quiero hablar en defensa de todos los hombres, queridas mujeres, y asegurarles que la zona, no es un intento intencional de parte de los hombres para llevarlas al precipicio de la locura. Sólo parece que así es. La zona es un aspecto perfectamente natural y normal de lo que significa ser hombre. La zona masculina es tan sólo un pequeño ejemplo de una importante verdad. Los hombres y las mujeres piensan de manera diferente. Nuestros cerebros son diferentes, y por lo tanto, la manera como pensamos, hablamos, y procesamos información personal es diferente. Y estas diferencias nos bloquean en una conversación.

En los próximos capítulos, examinaremos algunas de las diferencias clave en la manera de pensar entre los hombres y las mujeres. Les demostraré cómo estas diferencias afectan las conversaciones entre miembros del sexo opuesto. Más importante aun, voy a enseñarles cómo ajustarse a dichas diferencias con el propósito de lograr verdadera profundidad en la conversación, ya que si podemos lograr excelencia en la conversación, tendremos matrimonios excelentes.

"¿Qué significó la película para ti?"

Imagínense la siguiente escena. Un hombre y una mujer van saliendo juntos de un cine, después de haber visto una película. La película era una poderosa y conmovedora historia de amor, en la cual murió un miembro de la familia, y hubo muchas escenas emocionalmente intensas. El héroe y la protagonista principal por poco se pierden el uno al otro, pero logran ser reunidos al final. El contenido era emocionalmente fuerte. El tipo de película que le gusta a las mujeres.

La mujer, llorando, pasa los próximos diez minutos compartiendo su reacción a la película. Menciona con lujo de detalle, lo que le gustó y no le gustó de la misma, emociones, eventos de su propia vida personal que la película le hizo recordar, cómo se relaciona la película a la relación con su esposo, etcétera. A mitad del camino, mientras se dirigen en su auto hacia el restaurante, es cuando ella termina. Y ella le pregunta a él: "¿Qué te pareció la película?" Y él responde: "Pues, estuvo bien". Eso es todo. No comenta más.

¿Cuántas mujeres se sentirían satisfechas con tal respuesta? ¡Ni una sola! Esta pobre mujer es como un desierto que acaba de recibir una simple gota de lluvia. ¡Ella quiere más! Pero las probabilidades son muy favorables de que no ha de recibir ni una sola gota más. O por lo menos, no en ese mismo instante. Ella podría comenzar a hacer preguntas, indagando, intentando llegar a lo que hay en lo más profundo del hombre. Pero, ¿qué va a suceder entonces? No tendrá mucho éxito. De hecho, no tendrá ningún éxito. El hombre se sentirá presionado y controlado. Se cerrará tan fuerte como una ostra.

Esta escena ilustra una diferencia clave que existe entre los hombres y las mujeres. Las mujeres son procesadoras internas emocionales. Los hombres, son procesadores internos solitarios. Para aprender a comunicarse como pareja, es necesario que conozcan esta diferencia. Permíteme describir las cuatro áreas que componen estos dos estilos de procesar información.

Las mujeres están conectadas, los hombres están desconectados

Las mujeres están en contacto constante con su información interna, personal: pensamientos, sentimientos, reacciones, dolor, esperanzas y sueños. Las mujeres conocen todo el tiempo lo que hay en su interior. Todo está ahí en la misma superficie. Es automático. Es instantáneo. Cuando ocurre un evento, la mujer reacciona, y ella conoce cuál es su reacción.

Los hombres no están conectados con sus asuntos personales internos. La buena noticia es que, los hombres sí reaccionan a los eventos con pensamientos, emociones, dolor, y otra información personal. La mala noticia es que, ellos no tienen la más mínima idea de cuáles son sus reacciones. Sus respuestas personales son muy profundas, y toma tiempo localizarlas.

Nuestro hombre de la película sí tiene una reacción ante la película, a menos que él sea un pedazo de palo sin vida. Pero él aún no conoce cuál es su reacción. En realidad no lo sabe. Él tendrá que procurarla.

Las mujeres comparten, los hombres suprimen

Las mujeres no tan sólo conocen lo que hay dentro, sino que lo comparten de manera natural espontánea. La información sencillamente brota de ellas. "Sé lo que estoy pensando y sintiendo, y te lo voy a decir en este mismo momento". ¡Esto lo hacen siempre! Las mujeres no toleran tener que guardar algo dentro de sí. Tienen que sacarlo y compartirlo lo más pronto posible.

Los hombres, callan su información personal de forma natural y espontánea. La misma permanece dentro de ellos, donde nadie la pueda ver. No se la mostramos a nadie. Hemos sido enseñados a callarla. La acción de acumular nuestros sentimientos y reacciones es un reflejo automático. La mayoría de las veces no nos percatamos de que lo estamos haciendo.

Las mujeres se relacionan, los hombres se retiran

Las mujeres comparten con otra persona. Para una mujer, un evento no ha ocurrido hasta que ella lo haya compartido. Créeme, ella encontrará a alguien con quien compartir. ¡Examine detenidamente la cuenta telefónica! Ella hablará con su mamá, hermana, amiga, vecino y con cualquiera que esté dispuesto a escuchar.

¿Has notado alguna vez cómo una mujer le cuenta la misma historia a muchas personas? Una o dos veces, no es suficiente. Oh, no. Ella llamará por teléfono a ocho personas y describirá el mismo evento, añadiendo detalles e información adicional cada vez. Parece que nunca se cansa de relatar la misma historia. Ella disfruta el relato de la historia porque está compartiendo quién ella es. Es su manera de decir: "Te amo, y deseo relacionarme íntimamente contigo. He aquí un pedacito de quién soy. Puedes ver realmente cómo soy en lo más profundo de mi ser, por la manera como actué, sentí y reaccioné ante este evento".

Ella también le hará el relato a su esposo, aunque él quiera o no escucharlo. Ella quiere y desea que su esposo viva con ella el evento, mientras lo relata. (Esposo: no permanezcas ahí sentado con la boca abierta a lo largo del relato. Ella te está ofreciendo el regalo de sí misma y, para recibirlo y conectarte con ella, debes escuchar activamente). Reacciona mientras

---

ella te habla. Ríete cuando sea necesario. Siente dolor y desilusión si es que ella lo siente.

Existe una buena razón por la cual los hombres parecen no poder escuchar activamente. Por naturaleza, nosotros nos retiramos con nuestra información personal. Los hombres están programados para retirarse, y a solas, procesar la información interior. Nosotros no corremos en busca de alguien con quien hablar de nuestros sentimientos y reacciones internas ante los eventos. ¿Acaso bromeas? Si es que procesamos algo, lo hacemos total y completamente solos.

Debido a que el hombre se siente extremadamente incómodo compartiendo lo que hay en su interior, también se siente igualmente incómodo cuando su mujer comparte lo suyo. El hombre típico se asombra ante la típica descripción tan espontánea, increíblemente detallada y emocional, de un evento que haya ocurrido en la vida de la mujer. Él no ve la necesidad de hablar sobre lo que hay en su interior. Él no comprende que ella está compartiendo de sí misma, y que procura una conexión de amor.

Las mujeres comparten lo que sienten, los hombres lo meditan una y otra vez

Las mujeres procesan mientras van hablando. Ella hace conexiones y se percata de sus reacciones sobre la marcha. Cuando una mujer comienza a hablar, no tiene la más mínima idea dónde va a finalizar, y tampoco le importa. A menudo la mujer comienza una conversación de la siguiente manera: *"No sé cómo me siento, pero..."* Y de alguna manera, logra atar todos los cabos sueltos. Por supuesto, el hombre está pensando: *"Pues si no sabes, entonces cállate. Hazme saber cuando lo sepas".* Lo que él desea escuchar es la versión corta y condensada, y no la larga y detallada.

He aquí un ejemplo, usando a la señora de la película. Al ir saliendo del cine ella dice:

"Oh, querido, esa película sí que tocó mi corazón. Increíble, tengo tantos sentimientos diferentes que no sé cómo ordenarlos todos. ¿Recuerdas la parte cuando la hierba alta en el valle se mecía por el viento? Eso nos trajo recuerdos de la hierba azul en el estado de Kentucky, y los caballos corriendo en plena libertad. Amo los caballos. Cuando era niña, mi abuela tenía una granja y tenía un caballito llamado Bumpers y, oh, ¡cuánto amaba yo aquel caballito! El caballito murió un invierno de diarrea incontrolable, y me sentí destruida. "Lloré y lloré y... "

Y mientras tanto el hombre está pensando: *¿De qué está hablando esta mujer? ¿Qué tiene que ver Kentucky, su abuela, y la muerte por diarrea de un caballito llamado Bumpers con esa película?* Él se encuentra completamente perdido, mientras que ella brinca de un tema al otro. Como un juego en el cual la conversación rebota sin dirección de una pared a la otra. Y lo peor es que tan sólo está comenzando. Ella expresa todo lo que le viene a la mente, y disfruta de cada segundo. Eventualmente ella cubrirá todos sus sentimientos, y concluirá con un monólogo, pero puede ser que esto tome bastante tiempo.

Los hombres lo procesan todo internamente. Esto es un gran secreto. Antes de que un hombre comparta verbalmente lo que hay dentro de sí, él va a tomar una serie de pasos cautelosos. Primero, él tiene que averiguar qué hay dentro. Luego, lo mastica bien. Después, lo medita una y otra vez. Le dedica bastante tiempo para pensarlo, y luego lo hace veinte veces. Lo organiza y lo coteja. Finalmente, después que tiene su respuesta definida y archivada en forma concisa y presentable, es posible, quizá, decida dárselo a la mujer.

Un hombre nunca compartirá lo que siente al azar. Nunca escucharás a un hombre decir: "Bueno, querida, no sé lo que estoy sintiendo, pero aquí va de todas maneras". De ninguna manera. Él pasará todas las veces por el mismo doloroso inventario mental. Es algo que debe hacer. Él es hombre. Nunca dejará escapar de sus labios algo que lo pueda avergonzar. Cuando habla, sabe muy bien lo que va a decir. Un poco carente de espontaneidad, y abundante control.

Lo siguiente es una ilustración que a menudo uso en mis talleres matrimoniales, de estos dos estilos diferentes de comunicación. Hay dos artistas; hombre y mujer. La manera como cada cual trabaja es un reflejo de cómo es que las mujeres y los hombres se comportan en una conversación.

La artista tiene un estudio en el mismo centro del pueblo. A la entrada del estudio hay un gran letrero con su nombre. Cuando ella está lista para crear una pintura, llama a sus amigas y las invita al estudio.

Diez o doce amigas vienen y se sientan en sillas plegables frente a un gran lienzo blanco. Cuando todas se han sentado, la artista comienza su pintura. Ante la vista de la pequeña audiencia, ella pinta con su brocha sobre el lienzo y le va dando forma. Mientras pinta, ella habla con sus amigas, y les va diciendo qué es lo que hace, y por qué. Los comentarios y reacciones son bienvenidos. Ella comparte la experiencia con estas personas. De hecho, su presencia y aportación a la obra es parte vital de su proceso creativo. Ella sería incapaz de producir una pintura sin esta interacción y diálogo dinámico.

El artista masculino tiene un estudio, pero nadie sabe dónde se encuentra. El mismo está localizado al margen de un angosto y apartado camino, en un área abandonada del pueblo. Al frente del estudio no hay un letrero. Cuando está listo para crear una pintura, no llama a nadie. A mitad de la noche se dirige sólo hacia el estudio sin que nadie lo vea. Trabaja en privado sobre el lienzo, moldeando cuidadosamente sus colores y brochazos en el producto deseado. Toma todo el tiempo que necesita con tal de hacerlo bien. No solicita ningún tipo de opinión, porque desea hacerlo él solo. Es importante para él que la pintura sea suya, y solamente suya.

Cuando ha terminado, procura tan sólo una persona en quien confía. No habrá una audiencia presente, ni una exhibición pública de su creación. Será una demostración privada para una persona especial. Para él, es difícil compartir su pintura aun con esta compañera de confianza, pero valora su opinión. En lo más profundo de su ser, quiere y necesita compartir su obra con ella.

Regresando al ejemplo de la película para darle énfasis a este punto, la mujer, al igual que esta mujer artista, no puede esperar para compartir lo que hay dentro de ella. Está consciente de su reacción a la película. Se lanza inmediatamente a compartir su reacción personal, procesando información sobre la marcha. Poco le importa si su manera de compartir es organizada o lógica. Lo único que desea es sacarlo fuera, compartirlo.

El hombre, igual que el artista masculino, necesita tiempo y espacio para procesar lo que hay dentro. La mujer piensa que ya él conoce su reacción, de igual manera como ella conoce la suya, y que él sencillamente no desea compartirla. Ella piensa: "*Él estaba sentado a mi lado ahí dentro, ¿cierto? ¡Él sabe muy bien lo que hay dentro de sí!* No, no es cierto; él aún no sabe cuál ha de ser su reacción. Él debe buscarla. Si es que él tiene alguna idea de lo que siente respecto a la película, ciertamente no va a estar listo para compartirlo aún. Primero debe organizarlo y prepararlo para hacer la debida presentación.

¿Cómo es que un hombre y una mujer pueden conectarse en una conversación, cuando existe esta diferencia tan enorme en los estilos de comunicación entre ambos? Tengo una idea —si me preguntan a mí creo que es una tremenda idea— para lidiar con esta diferencia. La misma te será de gran ayuda. A esta idea, a esta ilustración la llamo, *el tren*.

Diez

"El tren"

En casi todas las grandes y antiguas películas románticas hay una escena en un tren. En *North By Northwest*, la película de suspenso de Alfred Hitchcock, el protagonista Cary Grant conoce a la elegante y sofisticada Eva Marie Saint en un tren. En la escena culminante de "El hombre músico" esa eterna producción musical, Robert Pres-ton pierde su tren por encontrarse con la hermosa bibliotecaria, Shirley Jones. Hubo fuegos artificiales entre Ingrid Bergman y Gregory Peck en un tren en la película *Spellbound*.

Aun en el clásico de todos los clásicos, *Casablanca*, hay una escena que se desarrolla en un tren la cual resulta ser fundamental en la historia. Todos conocen la famosa escena del avión al final de la película, pero previo a la misma, también hay una conmovedora escena en un tren. Humphrey Bogart sufre una gran desilusión en la estación del tren en París, cuando su amada Ingrid Bergman no se presenta. No sé quién de los dos haya sufrido una herida y enojo mayor, Bogart o yo. Aún no he podido olvidar a Ingrid.

Los trenes son la espina dorsal en *While You Were Sleeping*, (Mientras tú dormías) película considerada como un clásico romántico moderno, y protagonizada por Sandra Bullock. La solitaria Sandra trabaja como empleada en la estación de trenes en la Autoridad de Tránsito de Chicago. A diario le vende un boleto al elegante hombre a quien ella cree amar.

Cada día, él toma el boleto, sonríe y se monta en el tren dejando atrás a la chica en su diminuta y triste caseta de venta de boletos. Él ni tan siquiera sabe que ella existe. Al final de la película, es Sandra quien se monta en el tren camino a su luna de miel, junto al hombre a quien verdaderamente ama. ¡Muy emocionante!

Ahora que he establecido el papel clave del tren en cada una de estas relaciones amorosas sobre la pantalla, ¿cuál es mi punto principal? Pues les diré. El tren no es un simple vehículo romántico para las estrellas de Hollywood y sus ficticias relaciones. Tan loco como les pueda parecer, el tren también puede jugar un papel clave para mejorar la comunicación entre las parejas hoy día. El tren no le sirvió de bien a Bogart, pero te va a ayudar a ti y a tu compañero a crear intimidad en la conversación.

El hombre necesita su tren

Pon a funcionar tu imaginación. Piensa en una estación de tren, y un tren estacionado frente a la misma. Puedes ver la estructura tipo casa que es la estación, la plataforma de madera, y la larga y oscura línea de vagones. El humo sale como oleadas de la máquina locomotora. Sobre la plataforma, un hombre y una mujer dialogan mientras el tren se prepara a partir. En esta ocasión no es Bogart y Bergman quienes están de pie en la plataforma frente al tren. Eres tú y tu cónyuge. Si deseas pretender que se parecen a una pareja de estrellas de cine, puedes hacerlo.

Cuando el hombre siente la necesidad de tener su propio espacio con el fin de procesar información, se subirá al tren y viajará a cierta distancia, solo. (La mujer no puede subir al tren con él). El gatillo que impulsará al hombre a subir al tren será uno de dos cosas. Uno, si la mujer le pide que comparta sobre su persona. O dos, si por iniciativa propia (y a veces suceden milagros), él siente la necesidad de compartir sobre su persona. Si él tiene que compartir algo que tiene dentro de sí, algo más profundo que la plática superficial cotidiana, él sentirá la necesidad de subirse al tren.

El tiempo que invierta en el tren, lo usará para mirar dentro de sí, y ver qué hay. Durante este tiempo tendrá un encuentro con sus emociones y reacciones personales. Lo juntará todo en algún tipo de paquete bien organizado que él pueda comprender. Y entonces, cuando esté listo, regresará a la estación, buscará a la mujer, y comenzará a compartir con ella lo que ha descubierto.

Ahora, este es un panorama ideal. Ya puedo escuchar a las mujeres decir:

¡Él se subirá a ese tren para escapar —pero para escapar de mí!
Cuando se marche no va a mirar hacia adentro.
Ciertamente cuando regrese no lo va a hacer para hablar.
¿A quién cree que está engañando, doctor Clarke?

No se desesperen, señoras. Ya discutiremos todas esas preocupaciones. Sé que todas son válidas.

Lo que deben comprender es que el hombre necesita el tren, porque no lo hará, y tampoco podrá, pararse junto a la mujer y procesar al instante todo lo que tiene dentro de sí. Esto no es un esfuerzo cooperativo. Literalmente no lo puede hacer. Dios no lo creó de tal manera.

Su hombre típico, tiene una reacción retardada a todo lo que sea personal. Él puede hablar espontáneamente sobre deportes, sobre el estado del tiempo, sobre las herramientas que usará para arreglar la puerta del garaje, y sobre lo que desea cenar. Si la conversación toma un giro más profundo, él se encontrará fuera de ambiente, y se cerrará como una ostra. Y por lo menos provisionalmente, se convertirá en la Gran Esfinge de Egipto. Sin emoción. Sin expresión. Y por supuesto, sin palabras.

Si intentas forzar una reacción y logras sacarle algo, saben lo que sucederá, queridas damas. Él nunca, y con esto quiero decir nunca, te dará la información personal que deseas. No te permitirá tal satisfacción. Esta es su manera de mantener el control y no sentirse avergonzado.

Y dirás: "¡Pero es que él no dialoga conmigo!" Muy cierto, no lo hará. Y menos cuando lo arrinconas con tu conversación. Debes darle espacio y tiempo para procesar, para ponerse a la par contigo en el departamento de la información personal. Debes permitirle la libertad y el derecho de usar el tren.

La mujer típica no necesita un tren. Ella puede hablar sin aviso previo. Ella está lista para procesar siempre y en voz alta, y usualmente lo hace. Su problema está en reducir la abundancia de procesamiento, con tal de no enterrar al pobre hombre en una avalancha de palabras.

Queridas damas, odio tener que repetir lo que ya he dicho, pero lo voy a hacer de todas maneras. No debes esperar que tu hombre comparta de manera espontánea sus asuntos personales. Tienes el derecho de esperar que él comparta contigo personalmente. Sin un compartir mutuo, la relación no podrá ser profunda y verdaderamente íntima. Lo que quiero decir es que debes permitirle compartir sobre sus asuntos personales, a su manera. Y la suya es usando el tren.

Antes de que él suba al tren, debes sentirte libre para expresarte a plenitud. Ofrece detalles, relata tu historia, comparte tu opinión, y expresa tus emociones. También puedes hacerle preguntas al hombre, siempre y cuando no haya una confrontación o esperes recibir una respuesta inmediata. Sencillamente expresa algunas preguntas. No lo presiones —¡tú no eres Bárbara Walters! Si lo haces te estarás comportando como una palanca, y ya sabes dónde te llevará tal actitud.

Cuando el hombre usa el tren, no siempre significa que se marcha físicamente. Esto sería una torpeza. "Querida, lo siento, tengo que marcharme". Si te encuentras en un res-taurante y él necesita el tren, no se va a excusar para ir al baño. Si te encuentras en el auto él no va a detenerse al lado de la carretera, y salir caminando para procesar. Si tu esposo hace esto, sencillamente tienes un loco a tu lado. A menudo —algo así como 95% de las veces— hará silencio mientras procesa. Aún está contigo, pero hace silencio mientras las ruedas de su cerebro digieren lo que acabas de decir, y prepara una respuesta. O por lo menos, esperas que esté preparando una respuesta.

Debes aprender a vivir con el silencio, si deseas vivir en paz e intimidad con un hombre No le dispares preguntas en un intento de mantener esta conversación en particular a flote. No continúes hablando y hablando sobre el asunto, en la esperanza de que finalmente él responda a algo que hayas dicho. Permite que pasen algunos minutos de silencio. Esto no te hará ningún daño, y es posible que este tiempo de silencio sirva como una oportunidad para que el hombre procese y te responda. Al ir mejorando el hombre sus destrezas de comunicación, él puede usar el tren y decidir cuál ha de ser su reacción mientras hablas.

Para poder conectar verdaderamente en una conversación, ambos compañeros necesitan conocer sus papeles individuales en esta escena del tren. Para cada uno de ellos tengo las siguientes directrices.

Las mujeres y el tren

Señoras, comencemos con ustedes. Primero, no persigan el tren. Lo que quiero decir con esto es, no le ruegues y supliques al hombre con la intención de mantenerlo involucrado en una conversación. "Oh, por favor, habla conmigo, ábrete, no te vayas". Esto es degradante para ti, y no es bien recibido por el hombre. Aun agarrándolo por la pierna del pantalón no lograrás que él se abra. Él no va a decir: "Querida, siento tu dolor. ¿Necesitas que en este momento te hable en el ámbito personal, cierto? No lo iba a hacer, pero por ti lo haré. No tolero verte sufrir". Si eso es lo que crees, sigue soñando. Él se va a poner más duro que una tabla.

En muchas de las escenas de mis películas favoritas, es el hombre quien deja a la mujer en la estación del tren. Él se va a la guerra, de negocios, o en alguna misión peligrosa. Ambos se abrazan en la plataforma, él sube al tren, y la saluda a través de la ventana desde su asiento. De alguna manera, a pesar de que abordó en el último segundo, antes de partir el tren, siempre consigue un asiento frente a donde la mujer está parada.

Mientras el tren se aleja de la estación despacio, muy pero muy despacio, la desesperada mujer sigue al hombre a lo largo de la plataforma. Al principio ella va caminando, y luego corre para mantenerse junto al vagón del tren de su esposo. "No, por favor, no. No te marches. Regresa". Qué escena tan triste.

Guarda un poco de dignidad. Porte. Serenidad. Permite que se monte en el tren sin toda esa delicadeza emocional. Además, si es que se siente un poco mal por ti, lo cual no es cierto, aún así no podrá hablar contigo hasta que no tome su viaje en el tren.

Segundo, no intentes obstaculizar su viaje en el tren. Este es el método agresivo. Sacas una pistola y dices: "Bob, ya han pasado doce años. Estoy cansada de esperar. Comparte conmigo ahora mismo. Comienza a hablar o te mato. ¡Si te montas en ese tren, te arrepentirás!"

Cuando ustedes las mujeres terminan de hablar con el hombre, desean una respuesta inmediata, ¿verdad que sí? Admítanlo. El deseo es que el hombre diga algo personal inmediatamente después que ustedes han terminado de expresarse. Pues, lo cierto es que los hombres no les pueden dar a ustedes una reacción inmediata. No queremos hacerlo, y eso es muy cierto. Pero también es cierto que no podemos hacerlo.

Amo a mi esposa Sandy. Yo soy un hombre altamente verbal y expresivo. Soy un psicólogo clínico, y he sido entrenado para ayudar a otros a identificar y expresar sus más profundos secretos y sentimientos. Le enseño a parejas de matrimonios cómo comunicarse, en talleres de enriquecimiento matrimonial a través de todo el país. ¿Y adivinen? No puedo responder inmediatamente y de manera personal en una conversación con mi esposa Sandy.

Si Sandy intenta forzarme a hablar, y agresivamente bloquea mi acceso al tren, me tranco y no le doy nada. Además, me siento enojado con ella y lo que deseo es alejarme. Señoras, si yo mismo no puedo hacerlo, tampoco su hombre lo podrá hacer. Permitan que su hombre aborde el tren.

Tercero, no esperes en la estación. Si esperas impacientemente, dando golpecitos con el pie sobre la plataforma, esto significa que no tienes vida. Y estarás ejerciendo mayor presión sobre el hombre. Cuando él mira hacia atrás te puede ver con esa expresión de enojo y exasperación. Si hay algo que un hombre no tolera es sentir la presión de tener que hablar. Lo vuelve loco. Lo hace alejarse lo más que pueda de ti. Podría estar sentado a dos pies de distancia, pero emocionalmente se encuentra a doscientas millas de distancia. Por lo tanto, cuando él aborde el tren, y el tren se marche, no te quedes esperando en la plataforma. ¿Quieres pasar el resto de tu vida esperando que tu hombre comparta contigo? Ve al pueblo y desarrolla una vida propia.

Señoras, es trabajo de él buscarlas cuando regrese de su viaje. Una vez que te hayas expresado sobre un tema en particular y hayas hecho algunas preguntas, no vuelvas a mencionar el tema. No fijes la mirada en él como si estuvieses esperando respuesta. No lo mires como diciendo: "¿Y? ¿Por fin vas a decir algo? Sabes muy bien que me están saliendo canas". No emitas esos grandes y profundos suspiros de desesperación. No hagas pucheros con los labios rígidos y apretados.

Sencillamente relájate y deja que corra cierto tiempo de silencio. Sonríe. Disfruta el panorama. Cierra tus ojos e imagínate que estás en la playa en Waikiki. Después que hayan pasado algunos minutos, si bien lo deseas, habla sobre otra cosa. Al alejarte de la estación y tomar la decisión de no presionar al hombre directamente, es muy posible que logres que él sea quien comience a buscarte. Es parecido al regateo con un negociante extranjero. Haces tu oferta y luego te comienzas a alejar. Actúas como si no tuvieses interés alguno por el artículo en cuestión. ¿Y qué hace el dueño del negocio? Como él no desea perder la venta, te persigue y comienza de nuevo el proceso de negociación. Cuando estés parada junto al negociante, aun cuando estés en silencio, él puede reconocer por tu lenguaje corporal y conducta que en realidad estás interesada en el artículo en cuestión. Y por lo tanto, él no hará concesión alguna contigo. Pero cuando comienzas a alejarte, de pronto su confianza se evapora y comienza a perseguirte.

No estoy sugiriendo que tu esposo se ha de quebrantar tan fácil como un mercader en las calles de Tijuana, y saldrá corriendo tras de ti. Con un esposo las cosas no son tan fáciles. Pero el principio es el mismo. Cultiva un silencio quieto y relajado. Actúa como si no te importara demasiado si responde o no a lo que has dicho. Debes decidir ser la mujer confiada y calmada cuya velada no se ha de arruinar, si él no te responde inmediatamente.

Recuerda que él no va a hablar aun cuando se sienta apenado por ti. Él no hablará sencillamente porque así lo deseas. Él no hablará, ni un poquito, si se siente presionado por tu silencio impaciente y tu lenguaje corporal. Él hablará cuando esté listo para hacerlo. Él le hablará a la mujer que respeta. Él le hablará a la mujer que le permite el espacio y el tiempo necesario para procesar.

El hombre y el tren

Hombres, ahora les llegó su turno. El trabajo de ustedes es aprender a usar el tren de la manera correcta. ¿Deseas verdadera intimidad con tu esposa? ¿Deseas verdadera paz y compañerismo en la relación? ¿Deseas evitar todo conflicto con una mujer enojada y resentida? ¿Deseas poder disfrutar de la mejor relación sexual que jamás hayas disfrutado? Sé que la respuesta es afirmativa, por lo menos a la última pregunta. Todo esto puede ser tuyo si tan sólo sigues las siguientes directrices.

Primero, no abordes el tren sin un aviso previo. No creo que es justo, y además creo que es una actitud ofensiva y grosera. Cuando te trancas y decides no participar de la conversación, y dejas a la mujer sin respuesta alguna, le estás faltando el respeto. Es como darle una cachetada. Ella se queda como en el aire, pensando qué estará sucediendo dentro de ti. Se siente herida. Se siente frustrada. Y piensa todo tipo de cosa sobre tu persona, y ninguna de ellas es muy halagadora.

Como ya hemos discutido, yo sé que eres incapaz de ofrecerle una respuesta inmediata. Es necesario que pienses detenidamente sobre lo que ella ha expresado, y para ello debes usar el tren. Pero debes decirle que vas a abordar el tren. Puedes decirle que necesitas espacio para pensar y meditar antes de vomitar (Está bien, se me pasó la mano con el uso del "puedes"). Hombres, les recomiendo que hagan uso de alguna frase como medio de alertar a su mujer de que están por abordar el tren. "Estoy abordando el tren". "Permíteme un tiempo para pensarlo". "Voy a procesar lo que me dices y luego hablamos". Declarar en voz alta que estás a punto de abordar el tren es beneficioso para la mujer y para ti. Hace que fluya la conversación. La mujer se siente respetada, sabe que escuchaste lo que ella dijo, y estará más dispuesta a esperar tu respuesta sin sentirse incómoda. Al mencionar tu necesidad de procesar la información, te ayudará como hombre, a hacerlo. Es tu señal verbal de que estás preparando una respuesta. Si no lo expresas en voz alta, las probabilidades son muy buenas a favor de que no lo harás.

Es difícil usar el tren, y buscar en lo más profundo por una respuesta más personal. Debes batallar contra la tendencia masculina de evadir a la mujer y nunca responder. Batalla contra esta tendencia diciéndole a la mujer y a ti mismo:

"Querida, estoy abordando el tren". De esta manera todo estará al descubierto. Habrás hecho un trato, y de seguro que tendrás que cumplir con el mismo.

Otro beneficio de mencionarle a la mujer que es tiempo de abordar el tren es, que se protege la conversación y se presta la oportunidad de continuar la misma. Es tan fácil descarrilar (¿no te encantan estos términos ferroviarios?) una conversación. Si —o debo decir cuando— la mujer reacciona negativamente ante tu silencio absoluto, habrás aniquilado la conversación.

Si no avisas cuándo es tiempo de abordar el tren, algo malo sucederá. Quizá la mujer pueda mantener su porte y decida pensar cosas positivas. Pero las mujeres son criaturas sensibles y necesitan ser tratadas con delicadeza y cuidado. Pedro, un cercano discípulo de Jesús (y hombre casado), escribió lo siguiente:

> *Vosotros, maridos, igualmente, vivid con ellas sabiamente, dando honor a la mujer como a vaso más frágil, y como a coherederas de la gracia de la vida, para que vuestras oraciones no tengan estorbo.*

1 Pedro 3:7

¿Por qué arriesgarse con un quizá, cuando puedes estar seguro de no herirla ni de aniquilar la conversación?

Tu responsabilidad como hombre es hacerle saber a tu esposa cuando necesitas tomar tiempo para procesar. Esto es 1 de Pedro 3:7 en acción. Es una bonita y tierna manera de decirle a tu esposa que ya la has escuchado lo suficiente sobre algún tema en particular. Lo que en realidad estás diciendo es: "Querida, gracias por compartir. Ahora me toca a mí investigar cuál es mi reacción a lo que has expresado". Entonces la mujer puede descansar y evitar todas las posibles reacciones negativas que ya he mencionado. Y además, ¡el diálogo no muere, sino que continúa! Puedes continuarlo en cualquier momento, cuando hayas regresado de tu viaje en tren. El sol brilla, la hierba crece y todos están felices.

La segunda directriz para el tren es: Si abordas el tren, procura siempre regresar. Usa el tren sólo para mirar dentro de ti y luego regresar al diálogo. ¡El tren no es un escape! Es el método que te ha dado Dios para que te prepares para dialogar con tu esposa.

Casi todo hombre casado es un experto en el arte de escapar para no tener que hablar de asuntos personales con su esposa. El hombre es como el mago Houdini del diálogo. Tiene escondido varios trucos en su bolsa de escape. Algunos son sutiles y buenamente sagaces. Otros son severos y ásperos. Pero todos cumplen el mismo propósito: escabullirse de la mujer ante el más mínimo aliento de intimidad.

Hombres, odio tener que decirles lo siguiente, pero aquí va de todas maneras. Ustedes se casaron con ellas, y ahora tendrán que dialogar con ellas. Y no me refiero al tipo de conversación superficial que ella pudiese conseguir sencillamente conversando con un vecino o con el cartero. Me refiero a aquellas cosas profundas que permanecen enterradas en lo profundo de tu ser.

En realidad, no soy yo quien te dice que debes abrirte. Es Dios quien te lo dice. Lee Efesios 5:25, y luego intenta convencerme de que es la voluntad de Dios para tu vida el que apartes a tu esposa de tu vida personal íntima. Lo cierto es que sólo puedes amar a tu esposa como Cristo amó a su iglesia, permitiéndole que entre.

Dios, siendo un Dios de gracia, ha provisto el tren como una de los principales medios para que te puedas expresar personalmente con tu esposa. Su intención es que compres un boleto de ida y vuelta para tus viajes en el tren. ¡Debes regresar para dialogar! Cristo no deja a la iglesia esperándolo, así que tú tampoco lo debes hacer con tu esposa.

Cierto fin de semana estuve compartiendo una conferencia en Chicago, y acababa de describir el ejemplo del tren, cuando un hombre levantó su mano. Y dijo: "Usted se refiere a un tren que da vueltas en círculo". Le dije que estaba absolutamente en lo cierto. Los trenes que viajan en círculo se pueden encontrar a menudo en las grandes ciudades como Chicago, y forman un gran círculo alrededor de la ciudad. No importa dónde abordes el tren, si permaneces en él, suficiente tiempo, siempre vas a regresar al punto de partida.

Y finalmente, hombres, no esperes que sea tu esposa la que vuelva a la estación del tren para comenzar de nuevo el diálogo. No le toca a ella comenzar el diálogo nuevamente, después que hayas regresado de tu viaje. ¡Tal responsabilidad es tuya! Si es ella quien comienza nuevamente el diálogo, el antiguo problema control-intimidad asomará su fea cabeza. Ella se comportará como la palanca, y tú, automáticamente asumirás el papel de ostra. Y como resultado, le tendrán que dar sepultura a otro diálogo más.

Eres tú quien debe tomar la iniciativa, no importa dónde ella se encuentre, y comienza a hablar. Si el viaje en tren fue corto, será fácil hallarla. Allí estará ella sentada a tu lado en el auto, en la mesa del restaurante o a tu lado en el sofá de tu casa. Si el viaje tomó varias horas o un día, o quizá más, tendrás que hacer un esfuerzo mayor con tal de hallarla. Es posible que la encuentres en el patio, en el trabajo o en cama leyendo. No importa cuán largo haya sido tu viaje o dónde se encuentre ella cuando regreses, acércate y comparte con ella lo que has descubierto.

La idea de la libreta de apuntes que describí en el capítulo cinco te será de gran ayuda durante el proceso del viaje en tren. Muchachos, si la mujer ha hecho mención de un tema importante, y te tomará bastante tiempo para procesar, usa la libreta de apuntes. Estando aún en presencia de la mujer, anota lo siguiente: el tema, cualquier pregunta que ella desea le contestes sobre el tema, y qué es lo que ella desea específicamente que tú le comentes como parte de tu respuesta.

Recientemente, Sandy y yo tuvimos una gran discusión sobre la educación de nuestros hijos. En realidad, fue Sandy quien tuvo la mayoría de la discusión. Me sepultó en una avalancha de emociones, hechos, impresiones, asuntos paralelos y preguntas. Tuve necesidad de abordar el tren con urgencia, y le expresé que más adelante le daría mi respuesta. Inmediatamente, hice las siguientes anotaciones en mi libreta:

Tema: la educación de nuestros hijos.
Preguntas de Sandy:

1. ¿Debemos educar a nuestros hijos en el hogar, enviarlos a un colegio cristiano o enviarlos a una escuela pública?

2. ¿Qué le conviene a nuestros hijos y a nuestra familia?

3. ¿Cuánto podemos pagar?

Sandy desea saber:

1. Cuál es mi sentir respecto a estas opciones, a favor y en contra.

2. Cuál es mi sentir respecto a lo que Dios desea que hagamos.

Todas estas anotaciones las escribí frente a ella. Eso pareció impresionarla y ella estuvo de acuerdo con esperar por una respuesta de mi parte. Durante el próximo día y medio, usé mis apuntes para pensar, orar y procesar. Al identificar mis respuestas y sentimientos, ¿qué hice con ellos? ¿Los archivé en mi cerebro masculino en la esperanza de poder recuperarlos cuando esté dialogando con Sandy? ¿Estás bromeando? ¡Anoté en mi libreta lo que descubrí en mi viaje! De esta manera, estaba preparado para enfrentarme confiadamente a Sandy y su memoria. Entonces tomé mi libreta y me dirigí hacia ella, y comencé a compartir mis puntos de vista sobre la educación de nuestros hijos.

Si hay algo que he aprendido en dieciséis años de matrimonio es, regresar donde Sandy con un tema y estar bien preparado. Si todas mis ideas no están en orden, tendré problemas. De hecho, es bastante humillante. Sandy, sin usar una libreta, recordará cada punto de la conversación anterior. Ella traerá a su devastadora y precisa memoria, cada cosa que deseaba saber de mi parte.

Algunos de ustedes se ríen ante esta idea de la libreta de apuntes. No lo hagan. ¿No usan ustedes este sistema de anotar y organizar las cosas en su trabajo? Estoy seguro que si tuviesen que informarle a su jefe algo sobre un cliente importante, estarían anotando cierta información particular, ¿verdad que sí? Y, ¿cuán importante no es su querida esposa en relación con personas con quienes te relacionas en tu trabajo? La respuesta la conoces muy bien.

Si no usas la libreta, te olvidarás de darle seguimiento a lo expresado por tu esposa. Quizá te sientas como un tonto haciendo anotaciones sobre algún tema del cual debes darle una respuesta a tu esposa. Pero lo cierto es que te sentirás peor cuando se te olvide, y no tengas nada que decirle a ella. Los verdaderos hombres, los hombres piadosos, usan su libreta de anotaciones. Y debes usar tu libreta para que recuerdes decirle a ella cómo va tu viaje en el tren y el proceso de información. Ella necesita estar al tanto de tu progreso, para evitar reaccionar de manera negativa, y para mantener el diálogo abierto.

Entiendan, por favor, que para la mujer es muy difícil tener que esperar por una respuesta, especialmente si te toma varias horas. Ella necesita saber qué estás haciendo. Ella necesita sentirse esperanzada. Por ejemplo, yo podría escribir en mi libreta: "Dile a Sandy que aún estoy lidiando con el asunto de la educación de los chicos, y que estaré listo para hablar al respecto esta misma noche". Entonces la llamo, y le doy el mensaje. Eso es ser un esposo amoroso y comprensivo. Así se comporta el esposo que se describe en Efesios 5:25 y 1 Pedro 3:7.

También podrías usar tu confiable libreta para anotar algunas de las cosas que estén sucediendo en la vida de tu esposa. Podrían ser cosas en las que ella muestra interés, se involucra personalmente o son asuntos que le preocupan en su vida diaria. Podría muy bien ser un problema en el trabajo, alguna situación difícil con un hijo, o alguna actividad positiva y divertida en la que esté involucrada. Estos son asuntos de los cuales ella no ha solicitado tu opinión. Es posible que sí, o no, los haya mencionado en alguna conversación. Pero, eres lo suficientemente sabio (por lo menos ahora lo eres) como para saber que a ella le gustaría que hicieras mención de los mismos en algún momento de diálogo.

Les daré un ejemplo. En cierta ocasión llegué a casa para la hora del almuerzo y estuve dialogando con Sandy por espacio de veinte minutos. La conversación no fluyó como debía, ya que nuestro hijo de tres años de edad estaba dando tumbos alrededor de la mesa. De todas maneras, durante dicho almuerzo, me percaté de tres áreas de interés en la vida de Sandy. Dos de ellas las mencioné durante la conversación, y me enteré de la otra cuando ella llamó por teléfono a una amiga después del tiempo que pasamos juntos. Antes de regresar al trabajo, tomé mi libreta e hice las siguientes anotaciones:

Pregúntale a Sandy esta noche sobre:

1. Su juego vía computadora en contra de su amiga Tris.

2. Su proyecto de arte.

3. El progreso en la presentación de las diapositivas sobre el programa de talentos.

Ella no me preguntó qué yo pensaba o sentía respecto a estas tres cosas. No me pidió que aborde el tren y que le dé una respuesta durante la noche. Si lo hubiera hecho, yo hubiese usado la libreta, abordo el tren, hago uso de la libreta nuevamente para anotar mis respuestas y procedo a hablar con ella esa misma noche.

Pero esta fue una idea propia. Cuando esa noche saqué mi libreta y le pregunté sobre estas áreas, pude anotar varios puntos importantes en el área del amor. O algo por el estilo. Ella sintió que en realidad la amaba, que me intereso por ella y que la considero como persona. Y todo por haber hecho uso de mi pequeña libreta.

Hombres, ustedes podrían usar su libreta para escribir una pequeña nota donde expresan que no encontraron nada dentro de sí durante el viaje en el tren. Esto puede suceder. Abordaste el tren, quizá hasta un par de veces, pero te bajaste vacío. Si ese es tu caso, dile eso mismo. Ella te preguntará por qué. Las mujeres siempre preguntan por qué. Intenta lo mejor que puedas explicar por qué no conseguiste nada. Quizá no tengas la más mínima idea. Si reconoces qué es lo que te está bloqueando sobre ese tema en particular, menciónaselo.

Si no deseas dialogar sobre un tema en particular, escribe una nota diciendo eso mismo y se lo informas a la mujer. Incluye las razones y cuándo, si en algún otro momento, estarás listo para abordar el tren y darle una respuesta a su sensible tema. Uno de los grandes beneficios que la libreta le ofrece a la relación es que le otorga a la mujer un fin al tema en particular. Ella necesita poder cerrar la puerta a ciertas conversaciones que ha traído ante ti. No hay nada peor —casi— que una mujer sin conclusión.

Anota lo que ella desea saber. Aborda el tren. Y cualquiera que sea tu respuesta, anótala en la libreta y lo compartes con ella. Cuando hayas respondido, ella podrá continuar en su trayectoria emocional. En cuanto a ti, habrás concluido con la parte del diálogo que te corresponde. Sabes, una conversación verdadera no ha concluido hasta que hayas ofrecido una respuesta a lo que la mujer ha expresado. Sin tu respuesta, el intercambio está incompleto. Es como el vaso de leche sin las galletitas. Es como pan sin mantequilla. Es como una tortita sin almíbar. Es como el jugador que en medio de un partido se queda con la pelota. Él rehúsa regresarla al campo de juego. El juego se detiene. El juego no comenzará hasta que devuelva la pelota.

Cuando *no* le ofreces una respuesta a una mujer, la conversación terminó. No hay conexión. No hay interacción. No hay intimidad. Lo que hay es una mujer muy enojada y un diálogo aniquilado.

Aun cuando ofrezcas una respuesta, la conversación no ha terminado. Tan sólo es el comienzo. Habrás completado un ciclo, y eso es bueno. Pero lo que es mejor es, poder continuar y completar un sinnúmero de ciclos. Mientras más ciclos de comentarios y respuestas creas, mayor será la intimidad entre ambos.

Las mejores conversaciones son las que duran bastante tiempo. Dios creó a los hombres y a las mujeres para involucrarse en largas y estimulantes conversaciones que son las que producen el mejor tipo de intimidad en la tierra. Permíteme demostrarte cómo establecer un diálogo verdadero.

Once

Una gran conversación requiere tiempo

En Estados Unidos de Norteamérica demandamos ser recompensados inmediatamente. Todo tiene que ser rápido. Y con esto quiero decir *todo*. Queremos lo que queremos, ahora. La rapidez es un asunto crítico en la vida. No me hagas esperar o alguien va a resultar lesionado.

Nos levantamos por la mañana, encendemos la luz y nos damos una ducha rápida. Después de una breve secada del cabello y un par de brochazos con el desodorante, nos dirigimos a toda velocidad hacia la cocina. Allí devoramos un plato de avena instantánea o bebemos una mezcla de desayuno líquido. Luego nos tragamos la porción elaborada por la fiel y veloz cafetera mientras nos dirigimos hacia el auto. Al toque de un botón, abrimos la puerta del garaje. Otro botón abre la puerta del auto y, después que abordamos el mismo, otro botón asegura todas las puertas. Al instante el cinturón de seguridad se desliza a nuestro alrededor, y nos marchamos. Podríamos muy bien desplazarnos de cero a sesenta millas por horas en veinte segundos, si tan sólo tuviésemos a nuestra disposición una carretera amplia y sin congestión como suelen disfrutar los chóferes en los comerciales de televisión.

Mientras viajamos hacia el trabajo, podemos usar nuestro teléfono celular para hacer algunas llamadas rápidas y, afortunadamente, no tenemos que preocuparnos de que no se puedan comunicar con nosotros mientras estamos hablando. El servicio de llamadas en espera nos sirve de ayuda, y si esto no funciona, el "beeper" vendrá al rescate. Cuando finalmente llegamos a la oficina, allí también todo es más rápido de lo que podemos tolerar. Tenemos las líneas telefónicas, máquinas de fax, y un maravilloso sistema de cómputo (cuando funciona). Tenemos correo electrónico, acceso a la red cibernética de comunicaciones (Internet), ochocientos mil super-mega-gigas de memoria, y un impresor láser que vuela por encima de las páginas. El computador recibe un ascenso a un nivel de funcionamiento mayor cada dos semanas, porque alguien, en algún lado, continúa haciendo "chips" de memoria cada vez más rápidos.

Y el almuerzo es —por supuesto— comida rápida. Mientras volamos a través de la ventanilla de servicio a los autos, hacemos algunas llamadas en el teléfono celular, e invertimos algunos minutos en nuestro increíblemente diminuto y veloz computador portátil.

Cuando regresamos a casa, el microondas prepara nuestra congelada cena. Los vasos, platos y los cubiertos de mesa los colocamos en la lavadora de platos y el resto de la noche continúa marchando con mayor rapidez. Introduce en el VHS un vídeo para los chicos, y tienes entretenimiento instantáneo. Con el control remoto del televisor en mano, podemos navegar a través de cien canales de cable si así lo deseamos, y recibir noticias instantáneas al mismo momento en que ocurren alrededor del mundo. O podemos usar el computador en casa para jugar decenas de juegos, para hablar con personas a cientos de millas de distancia, o navegar velozmente a través del Internet. Todo el conocimiento del universo está tan cerca con el leve golpe de varias teclas.

La vida es buena porque es rápida. Esperar, es visto como una palabra sucia. Rehusamos esperar. ¡No toleramos tener que esperar! ¡Lo quiero ahora! ¿Es que no me escuchaste? Si nuestro veloz mundo reduce su velocidad, nos calentamos por dentro y hervimos hasta que la presión sanguínea se eleva hasta el cielo. Protestamos a regañadientes si en la fila de expreso en el supermercado hay tres personas frente a nosotros. ¡Oh, no, aquella señora va a pagar con un montón de cupones de descuentos! ¡Esto nos podría tomar unos cinco minutos adicionales!

Consideramos que es una barbaridad si nos alcanzan en el camino dos luces rojas seguidas. Debe ser que los ingenieros del tránsito están en conspiración para entorpecer nuestra marcha. No hay excusa alguna por la cual la señora con el peinado abultado esté manejando frente a nosotros a la velocidad debida. Todos, excepto ella, saben que pueden ir cinco millas por encima del límite de velocidad sin que la policía te detenga. ¿Acaso no lo expresa así la Constitución?

Estamos expuestos a morir la más horrible de todas las muertes cuando tenemos que ir al buró de licencias de conducir. Es una pesadilla el tener que podrirse sentado en una silla de metal plegable, y tener que esperar para que nuestro número, el ciento ochenta y ocho, sea llamado. Lo único que podemos hacer es mirar fijamente a los increíblemente relajados empleados, mientras éstos se mueven en cámara lenta. Y para añadir insulto sobre herida, al final de todo el proceso, nos marchamos de allí con la peor foto que jamás nos hayan tomado. O estamos sonriendo como unos tontos, o nos parecemos a un criminal que lo acaban de fichar por asesinato en primer grado.

Todo este énfasis en cuanto a la velocidad, se transfiere a nuestras relaciones. Solemos pensar que también debemos recibir amor instantáneo. Y ¿por qué no? Excepto por la licencia de conducir, todo lo demás lo podemos adquirir rápidamente. También la intimidad debería ser un asunto rápido, ¿cierto? Por supuesto que no.

Dios ha diseñado a los hombres y a las mujeres para que desarrollen intimidad lentamente, haciendo uso de esfuerzo bastante considerable, y por un período de tiempo también considerable. Podemos hacer avena instantánea, pero no podemos crear intimidad instantánea. La intimidad con un miembro del sexo opuesto requiere que haya conexión en la conversación. Y la conexión en la conversación es algo que nunca se consigue velozmente. Los grandes matrimonios son una gran serie de grandes conversaciones. Cada experiencia buena e íntima en el matrimonio, resulta como causa de una gran conversación. Llegar a ciertos acuerdos. La resolución de conflictos. Demostrar vulnerablemente quién eres en realidad. Una relación sexual apasionada. Cada uno de éstos fluye de las grandes conversaciones. Y una gran conversación requiere tiempo —no medido por minutos, sino por horas y días. Toma tiempo desplazarse al unísono a través de las capas de resistencia, de diálogo insignificante y superficial, y de las diferencias del género, para llegar hasta la parte buena y de real valor. Debemos sostener una conversación fluida, y prevenir que la misma muera prematuramente, para poder lograr el oro.

Muchas parejas apenas tocan ciertos temas de conversación y los dejan caer antes de que se pueda desarrollar una conexión profunda. Si no hay una chispa inmediata, olvídalo. Si uno de los dos cónyuges no se interesa en el tema inmediatamente, lo descartan y continúan el camino. Si "colgamos los guantes" por causa de una de nuestras diferencias de comunicación hombre-mujer, es mucho más fácil sencillamente dejar a un lado la conversación.

Todas las grandes conversaciones ocurren por etapas. ¡Y es por esta razón que el tren funciona! Las conversaciones comienzan muy pequeñas —realmente insignificantes— y lentamente van creciendo para convertirse en algo hermoso y estimulante. Es parecido a una larga y excitante jugada de tenis. En realidad, se asemeja más a un partido de tenis entre dos jugadores muy diferentes. Hay sus altas y sus bajas. Cambios impredecibles. Destellos de intuición. Estallidos de energía. Pero en este partido de tenis conversacional, ambos compañeros pueden ganar. Y eso es lo que Dios desea. Los compañeros deben obedecer algunas reglas muy sencillas y efectivas. Ambos deben continuar desarrollando sus papeles individuales, con tal de mantener viva la jugada, y el partido.

Cómo tener una gran conversación

He aquí el trato que ambos hacen. La mujer le permite al hombre tener su tiempo y espacio para procesar. Ella reconoce la necesidad que él tiene del tren, y le permite abordar sin resistencia alguna. El hombre concuerda con averiguar lo que hay dentro de sí, regresa donde la mujer e inicia el diálogo.

He aquí cómo funciona. Ambos comparten una serie de pláticas sobre un mismo tema. El compartir profundo y completo ocurre en etapas. Siempre, siempre, siempre. Ninguna pareja logra un nivel de conversación profunda y completa, compartiendo un solo tema y de una sola sentada. Tal cosa es imposible. (Cualquiera que se atreva a decir que sí es posible, está equivocado, es un mentiroso o sencillamente no entiende lo que estamos hablando). Un compartir profundo no ocurre de inmediato, debido a que el hombre y la mujer primero deben dedicarle tiempo juntos con tal de lograrlo. Y ciertamente el hombre no podrá estar preparado de inmediato. Y francamente, la mujer tampoco.

El plan maestro de Dios para la conversación entre miembros del sexo opuesto es que paso a paso vamos profundizando cada vez más, en la medida en que nos nutrimos de un mutuo compartir de sentimientos, reacciones e intuiciones.

Echémosle un vistazo a las etapas de lo que es una gran conversación. Pero primero, un repaso sobre cómo usar el tren.

Queridas señoras, antes de que él aborde el tren, cuando estén conversando juntos, es bueno poder compartir tan abiertamente como sea posible. En esta etapa introductoria, es la mujer quien usualmente comienza la conversación. Y eso está muy bien. No hay nada de malo en ello. Siéntanse libre, señoras, para hacerle preguntas e identificar aquellos asuntos sobre los cuales deseas que él comente cuando esté listo para hacerlo. *Cuando esté listo* es la frase clave. No intentes ejercer control y no esperes en esta etapa expresiones profundas de parte de él.

Hombres, escriban en su libreta de apuntes el tema, y lo que su mujer desea saber al respecto. Entonces, aborda el tren y comienza a procesar. Regresa, y comparte tu respuesta con la mujer. Comparte con ella algunos comentarios, y hasta uno o dos sentimientos. Dile lo que hasta ahora has descubierto.

Después: La mujer escucha al hombre y reacciona ante lo que él ha compartido. Lo que él expresa provoca en ella pensamientos y sentimientos adicionales. De manera espontánea ella le dice lo que ha surgido dentro de sí. Entonces él recibe su respuesta, y aborda de nuevo el tren para continuar procesando. Él regresa otra vez y comparte su nueva respuesta, siendo en esta ocasión un poco más personal. La mujer escucha y responde a lo que él dice. Él vuelve a abordar el tren, regresa y comparte, y ella responde nuevamente.

Creo que ya debes estar captando la idea. Puede que sean cuatro, cinco o seis pláticas por separado sobre un mismo tema, antes de que el hombre verdaderamente profundice y exprese lo que hay en su interior. Todo el proceso puede tomar dos horas o cuatro días. Todo va a depender del tema en particular, de la personalidad de ambos compañeros y el nivel de intimidad que se desee obtener.

Esto implica trabajo en equipo. Trabajar juntos con el fin de lograr un profundo nivel de conversación. Mientras más dialoguen sobre un tema en particular, más cercana y profunda será la relación que lograrán alcanzar. Cada vez que el hombre regresa de su viaje en el tren, él profundiza un poco más y la mujer también. ¡Ocurre una reacción mutua! Los ciclos de comentarios y respuestas, compartidos entre y alrededor de los viajes del hombre, crean conexión e intimidad.

"¡Hombre, cuando dijiste eso, me hizo sentir y pensar en esto! Cuando dije aquello, te trajo recuerdos de aquellos momentos tan divertidos en la playa hace dos veranos. Escucharte hablar sobre la playa me hizo pensar sobre..."

Algunas de las mejores pláticas que Sandy y yo tenemos ocurren sobre un período de dos o tres días, y a veces hasta cuatro y cinco días, de acuerdo a la manera como continuamos regresando al tema. Cubrimos todos los ángulos de un asunto en particular. Nos ponemos en contacto con, y compartimos nuestras emociones. Trascendemos más allá de lo superficial y nos concentramos en lo que es bueno e importante. Asuntos tales como: "Por qué nos casamos y demás".

El tren les ayuda a laborar juntos en resolver a cabalidad los asuntos y evitar que los mismos queden sin solución. Es necesario regresar constantemente a los temas hasta que le hayan exprimido hasta la última gota de profundidad e intimidad.

Caballeros, tengo buenas noticias para ustedes. Aunque es cierto que los viajes en tren siempre serán necesarios, con práctica, los mismos serán cada vez más cortos. Puedes aprender a procesar con bastante rapidez. Quizá no proceses tan rápido como las mujeres, pero sí bastante rápido. Debo admitir que mientras estás aprendiendo las destrezas del tren, procesar se convertirá en un trabajo difícil y tedioso. Pero al igual que cualquier otra destreza, si practicas lo suficiente, mejorarás. Llegará a ser parte de ti mismo y lo harás con naturalidad, y hasta será divertido.

Nuestros antiguos amigos Bob y Betty, desean mostrarte cómo usar el tren y cómo construir una gran conversión por etapas. Primero, ellos les demostrarán una conversación regular positiva. Segundo, les demostrarán cómo lidiar con un conflicto a través de cierta cantidad de tiempo.

Dos días para lograr la intimidad

Bob y Betty se encuentran en la sala de su hogar. Los chicos ya se han retirado a sus camas, y ambos se preparan para su plática diaria de treinta minutos. Aprendieron sobre la importancia de dicho tiempo de conversación diario en uno de los fines de semana de Enriquecimiento Matrimonial del doctor David Clarke.

Betty: "¡No vas a creer la conversación telefónica que tuve hoy con mi madre!" (Betty está muy enojada porque su mamá critica la manera como ella maneja cierta situación con los niños). "Mamá estuvo dándome una de sus lecciones y como siempre estuvo tratando de hacerme sentir culpable. Me hizo llorar y me enojó. Me cansa el que siempre esté subestimándome". Entonces Betty procede a relatar golpe por golpe, yo dije ella dijo, de la plática con su mamá.

Bob: "Lo siento, querida. Qué llamada tan pésima. ¡Es increíble!" Él no tiene mucho que decir, excepto algunos comentarios generales, y ruidos que expresan simpatía.

Betty: La respuesta de Bob no es lo que ella estaba necesitando, y por lo tanto se lo hace saber. "Bob, cuando estés listo, me gustaría escuchar tu parecer sobre este asunto con mi mamá. ¿Crees que mi reacción es extremista? ¿Crees que soy demasiado fuerte con los chicos, así como ella dice? ¿Cómo te sientes respecto a mi relación con mi madre?

Bob: Después hablamos. Tengo la mente en blanco. Él hace algunas anotaciones en su libreta, y cambia el tema de conversación.

Esa misma noche, antes de retirarse a dormir:

Bob: "Sabes, querida, he estado meditando sobre la conversación que tuviste con tu madre. Me llena de coraje. Ella no debió haberte tratado de esa manera. Tú eres una gran mamá. Apuesto que estás cansada de nunca poder complacerla. Y ese comentario que ella hizo sobre tu temperamento... ¡Qué tontería! Ella no tiene derecho a expresarse de tal manera".

Betty: "Gracias mi amor". Aprecio tus palabras. Eso me sirve de ayuda. En realidad me siento como que nunca puedo complacerla. Cuando yo estaba en el segundo grado, preparé un proyecto para la feria de ciencia. Mientras salía de la casa con mi proyecto, ella me dijo: "Espero que te den una buena nota por esa cosa que llevas ahí". Fui llorando desde mi casa hasta la escuela.

Al día siguiente ambos pasan algunos minutos juntos durante el desayuno, antes de que los chicos se sienten a la mesa:

Bob: "¿Cuántas veces te dijo tu mamá que te amaba y te ofrecía refuerzo positivo? ¿Dónde estaba tu papá en medio de todo esto? Lo siento mucho por ti. Tu estima propia debió haber recibido muchos golpes".

Betty se siente feliz porque él ha decidido abordar de nuevo el mismo tema. A ella le encanta cuando él le hace preguntas. Ella responde a sus preguntas con facilidad y habla libremente sobre su niñez. A la misma vez trae a colación ejemplos actuales de su mal autoconcepto. Ella se siente muy cerca de Bob. Siente que él se preocupa por ella.

Esa misma noche:

Bob: "Haber hablado contigo sobre la conversación telefónica con tu madre me hizo pensar sobre mi relación con mi padre. Él era una persona muy difícil de complacer. Era muy serio y nunca ofrecía elogios. En cierta ocasión, después de un juego en la liga de béisbol de menores me ofendió al llamarme la atención con dureza frente a todo el grupo, por..."

Betty: "¡No puedo creer que él haya hecho tal cosa!" En cierta ocasión mi madre entró en mi habitación la noche del baile de graduación y..."

Bob y Betty hablan sobre su niñez y la manera como fueron tratados por sus padres. Se consuelan mutuamente, y se sienten cercanos el uno al otro. Pueden identificarse y hasta sentir el dolor del otro. Ambos deciden ayudarse mutuamente en el área del autoconcepto, y relacionarse con sus propios hijos de manera diferente.

¿Puedes apreciar cómo va progresando la intimidad entre los dos? Quizá suene como que es demasiado bueno para ser verdad, pero no es así. Esto podría ser un suceso común en tu relación con tu cónyuge. Lo único que tienes que hacer es permanecer en la conversación y continuar a través de las etapas de comunicación. Con un poco de práctica, aprenderás cómo mantener tres o cuatro conversaciones diferentes a la vez, a lo largo de una semana. Si es cierto que no todas las conversaciones se desarrollan como deseas, el nivel de profundidad e intimidad no siempre será el mismo. A veces, una conversación se va diluyendo y termina en nada. Otras veces, logras cierto éxito y consigues experimentar un nivel de intimidad razonablemente decente. Nada que te estremezca, pero lo suficientemente bueno. A veces, te ganas el gran premio y logras gran profundidad e intimidad. Cuando estés lidiando con múltiples conversaciones a la vez, las posibilidades de ganarte uno de estos premios aumentan considerablemente.

Cuatro días para terminar una pelea justa

¿Estás pensando?" ¿Cuatro días para una pelea? Debes estar bromeando". No, no bromeo. Muy fácilmente puede tomar hasta cuatro días para resolver un conflicto y lograr algún tipo de solución. Si el asunto en cuestión es serio, es posible que tome aun más tiempo.

La ira y el dolor son emociones fuertes y negativas. Cada uno debe permitirse suficiente tiempo para expresar su sentir y lidiar con tales sentimientos. La mejor manera de hacer esto es por medio de etapas. Uno continúa lidiando con el conflicto poco a poco, hasta que todos los sentimientos se hayan evaporado, los dos puntos de vista hayan sido expresados y comprendidos, y se implemente un plan de acción.

La Biblia nos enseña que la ira debe ser expresada y soltada el primer día cuando ocurre el conflicto. Efesios 4:26 nos dice:

> Airaos, pero no pequéis; no se ponga el sol sobre vuestro enojo.

Pero eso no significa que el conflicto haya terminado. ¡Por supuesto que no! Hay otros pasos que deben ser tomados, y serán requeridos varios días más para completar el proceso.

Como bien puedes imaginarte, los hombres y las mujeres tienen diferentes estilos de comunicación durante un conflicto. Y esta es una razón principal por la cual los conflictos son tan dolorosos y toma tanto tiempo resolverlos.

El procesador de alimentos de avanzada tecnología y el obrero de cocina

Durante un conflicto, la mujer es el procesador de alimentos de alta tecnología. Cuando una mujer está enojada y herida, aumenta la velocidad y comienza a vomitar un torrente de palabras. Corta a máxima velocidad, produciendo una enorme cantidad de basura emocional.

Durante un conflicto, el hombre es como un obrero de la cocina de noventa y cinco años, con artritis en las manos y un cuchillo sin filo. Cuando erupciona dicho conflicto, el hombre baja la velocidad hasta el máximo. Él necesita tiempo y espacio para dividir los vegetales y cortarlos en pedacitos. Trabaja a paso lento y desbalanceado, a menudo haciendo pausas para descansar y asegurarse de que está haciendo un trabajo de calidad.

El procesador de alimentos de avanzada tecnología y el anciano obrero de cocina, están lado a lado en el mostrador. Su función es trabajar juntos en procesar una gran montaña de vegetales. ¿Qué sucede cuando el procesador está encendido a máxima velocidad y la tapa sale volando? "Comienza el estruendo infernal". Todos los alimentos que han sido cortados vuelan por todos lados y se esparcen por toda la habitación, en impredecible desenfreno. ¿Y qué hace el anciano cuando se ve en peligro de muerte al ser impactado por miles de pedazos de vegetales? Se marcha de la habitación. ¡Huye a un lugar seguro! ¿Podrías culparlo?

En un conflicto, el hombre se siente fuera de control. A menudo se siente sobrecargado por la intensidad emocional de la mujer. Señoras, permítele tiempo suficiente para pensar y procesar. Cuando erupciona un conflicto, el hombre necesita el tren como nunca antes. Y señoras, por favor mantengan el procesador de alimentos encendido —a una velocidad máxima media. Y asegúrese que la tapa esté bien puesta. Él tendrá que salir de la cocina algunas veces más, pero por lo menos no tendrá que mojarse con tus vegetales.

Regresemos a Bob y Betty y su conflicto. Cierta mañana durante la semana encontramos a Betty desfilando por el pasillo con "esa mirada" en su rostro. Bob no responde con rapidez, y es atrapado en el sofá reclinable. Entonces Betty emite esas dos palabras que Bob odia tener que escuchar: "Necesitamos hablar". Para Bob, es como si estuvieran diciendo: "Ha llegado el momento de sufrir. ¿Quieres que use el látigo de piel o el serrucho zumbador?"

Betty: Estoy enojada porque no ayudaste a Johnny a vestirse. Te pedí que lo hicieras y dijiste que sí, pero nada sucedió. Y por lo tanto, tuve que hacerlo". Entonces Betty procede con una descripción detallada de cómo Johnny se resistió todo el tiempo que lo estuvo vistiendo. "Entonces me percaté del agujero en la pared de la habitación. Eso fue el colmo. ¡Hace varios meses te pedí que lo arregles! Bob, esta casa se está cayendo a nuestro alrededor, y parece no importarte!"

Bob: "Escucha Betty, ahora no es el momento más adecuado". Él está a la defensiva, callado, y un poco malhumorado.

Betty: Pensando para sí: *"Parece que nunca es el momento adecuado"*. Pero no lo expresa.

Bob: "Tengo que marcharme al trabajo. Vamos a reunirnos esta noche y lo discutiremos. Al llegar a su auto, Bob anota el asunto en conflicto en su libreta.

Hora del almuerzo:

Bob: Llama a Betty por teléfono y le dice: "Querida, he estado pensando sobre lo de esta mañana, y deseo que las cosas entre nosotros estén balanceadas. Tengo algo que decirte esta noche".

Betty: Pensando para sí. *No juegues conmigo. No me hagas esperar. Dímelo ahora mismo. O por lo menos dame un adelanto.* Pero ella ha aprendido que al ser paciente obtiene mejores resultados que los comentarios sarcásticos, y por lo tanto responde diciendo: "Está bien. Te veré esta noche. Gracias por llamar".

Esa noche:

Bob: Consulta su libreta de anotaciones y dice: "Siento mucho que tuviste que vestir a Johnny esta mañana. Sencillamente se me olvidó. Lo iba a hacer, pero me olvidé por completo. Mi intención es que no vuelva a suceder"

Betty: "Gracias por haberte excusado, Bob. Sin embargo, el asunto es mayor que el simple hecho de vestir a Johnny. Me siento sobrecargada, demasiado tensa, y carente de aprecio. Tan sólo en los últimos seis meses yo he... " Y comienza a recitar una letanía de todos los quehaceres que ha tenido que desempeñar, y comparte lo cansada que se siente.

Bob: "¿En realidad ha sido tan difícil los últimos seis meses?" Él está asombrado, no lo esperaba. "Pensé que todo iba marchando bien. En realidad no sé qué decirte. Estoy haciendo lo que me corresponde, ¿cierto? De hecho, hago más en el hogar que la mayoría de los hombres que conozco". Él deja de hablar y mira fijamente hacia el espacio.

Betty: "Quiero que medites sobre los trabajos que desempeñas en el hogar, y luego piensa en lo que yo hago. Entonces quiero que me des tu más sincera evaluación"

Bob: "Está bien, lo haré. Permíteme abordar el tren, y luego hablaremos".

El segundo día es uno de mucho ajetreo. Los chicos participaron en sus juegos de béisbol, las tareas tomaron más tiempo de lo acostumbrado, y todo tomó más tiempo de lo debido. Toda la familia se sentó a ver juntos una película, y entonces los chicos se retiraron a dormir. Antes de retirarse a su habitación, Bob y Betty comparten una breve plática:

Betty: Cuando está casi segura de que Bob no va a mencionar el asunto en conflicto, ella se lo recuerda. "Bob, no olvides que estuviste de acuerdo en pensar sobre las responsabilidades de cada cual en el hogar. Cuando estés listo me gustaría hablar contigo al respecto. ¿Está bien?"

Los hombres son ostras

Bob: "Oh, sí, Betty. Lo siento. No usé mi libreta y me olvidé del todo. En este mismo momento lo estoy escribiendo". Ambos dialogan sobre varios temas y sienten que hay conexión entre ellos, a pesar de que su conflicto aún no ha sido resuelto.

Tercer día, durante el tiempo de diálogo nocturno:

Bob: "Querida, me he dado cuenta que la distribución de trabajo está completamente desbalanceada. Me he puesto a pensar en todas las cosas que haces en la casa y no pude enumerarlas todas. No tuve problema alguno al enumerar los trabajos que yo desempeño. Ahora puedo ver por qué estás tan cansada y tensa todo el tiempo. He preparado una lista de quehaceres adicionales que deseo hacer de manera regular".

Betty: "Me alegra que puedas comprender por lo que he estado pasando". Ambos examinan la lista, y concluyen con los detalles específicos de las nuevas tareas de Bob. Hablan al respecto cuando Bob regresa a casa del trabajo, y esto anima a Betty a decirle: "Sabes algo, Bob, me gustaría poder hablar contigo sobre tu horario de trabajo. Parece que llegas a casa cada vez más tarde. Además, esto para mí es impredecible, y no puedo hacer los debidos planes para la cena".

Bob: Se siente a la defensiva y un poco molesto. Ya comienza a escuchar un procesador de alimentos de alta tecnología que está calentando sus motores. "Querida, no deseo hablar sobre este tema ahora. Tratemos con el asunto mañana". Betty consiente no abordar el tema, aunque no de buenas ganas.

Cuarto día, durante el tiempo de diálogo nocturno:

Bob: "Anoche me sentí frustrado cuando mencionaste el tema de mi hora de llegada a casa. Lo he pensado, y supongo que es cierto que es un poco impredecible. A veces se presentan situaciones las cuales debo atender. ¿Qué puedo hacer para ayudarte?"

Betty: "Necesito saber aproximadamente cuándo estarás llegando a casa. ¿Podrías llamarme a las cinco de la tarde y hacerme saber dentro de un período de treinta minutos, cuándo estarías llegando?"

Bob: "Sí, podríamos intentarlo. Créeme, querida, que mi deseo es estar en casa contigo y con los chicos". Él hace una anotación en su libreta como recordatorio del trato que acaba de hacer con su esposa: "Escribe en tu agenda llamar a Betty todos los días a las 5 p.m sobre la hora de llegada a casa".

¿Puede apreciar la naturaleza progresiva de esta conversación conflictiva? Estoy convencido de que con ambos, la conversación regular y la conversación para resolver conflictos, el diseño de Dios para las parejas es que puedan conversar en etapas a través de varios días. Las pláticas de conflicto normalmente duran más tiempo, debido a que las mismas son más difíciles e intensas. Si intentas resolver el asunto con rapidez, el asunto se pondrá peor. Una situación que de por sí ya es dolorosa, se convertirá en un desastre. Uno no tan sólo deja de resolver un conflicto, sino que ambos participantes terminan resentidos y distanciados.

Trabajen juntos hacia el diálogo en etapas. Hagan uso del tren. Les digo que este método logrará que ocurra una gran diferencia en la comunicación entre ambos. Lograrán experimentar más conexiones emocionales. Podrán resolver más conflictos. Se sentirán más cercanos el uno al otro cada día.

Doce

Viajes por tren que nunca terminan

Sé lo que ustedes las damas están pensando. Están pensando: *David, me gusta lo que dices sobre el tren. Y edificar una conversación con mi esposo a través de etapas suena maravilloso. Sé que debo ser paciente y permitirle a mi esposo, el tiempo suficiente para procesar. Créeme que yo puedo cumplir con la parte del programa que me corresponde, porque estoy dispuesta a hacer cualquier cosa con tal de lograr conversaciones íntimas con él.*

Pero, estás pensando que, *hay un fallo grave en este sistema sabiamente diseñado. Estás suponiendo que el hombre abordará el tren, y que regresará dispuesto a dialogar. ¿A quién crees que estás engañando? ¿Qué voy a hacer si mi esposo no regresa de un viaje en tren? En realidad no debería decir "si regresa". Lo que debería decir es "cuando" no regrese.*

Señoras, no las culpo por pensar de tal manera. Han vivido junto a un hombre el tiempo suficiente como para conocer de cerca las tristes realidades de la comunicación marital. Son miles las veces que han sufrido grandes desilusiones. Son demasiadas las veces que han tenido que quedarse con la palabra en la boca en medio del diálogo, y no hay hombre alguno a la vista. Puede ser que él nunca haya regresado de

---

un viaje por tren. Tienen toda la razón para sentir escepticismo.

¿Y qué tal si él nunca regresa?

Estoy aquí para ayudar. Ese es mi trabajo. Cuando el hombre no regresa de su viaje por tren para dialogar contigo, hay dos cosas que puedes hacer.

Primero, compra un pequeño juego de trenes eléctricos. Una locomotora, varios vagones, un furgón de cola, y las vías. Ármalo y colócalo en algún rincón de tu casa. Cuando tu esposo no regrese a hablar contigo, enciende el tren y ponlo a correr. El tren correrá en círculos emitiendo ese distintivo sonido: Chugga-chugga, chugga-chugga. De la locomotora se escuchará el silbido fuerte y diáfano: wuu-wuu, wuu-wuu. Tu esposo escuchará el tren y se percatará de que aún no ha regresado de su propio viaje. Esta será tu señal indirecta para tu esposo de que debe regresar y comenzar de nuevo la conversación. No tendrás que decir ni una sola palabra.

Segundo, puedes comprar una pila de barajas profesionalmente hechas, con la foto de un tren en cada una de ellas. Manténlas en tu cartera y en un lugar accesible en tu hogar. Cuando te parezca que él no va a regresar al diálogo, sencillamente acércate a él y le entregas una de las barajas. La baraja con el tren impreso le hará recordar el tema que ambos estaban discutiendo.

Por supuesto, sólo estoy bromeando con estas dos ideas. Humillar o avergonzar a tu esposo no es algo que debas hacer. Puede que sea muy tentador a veces, pero no lo recomiendo. Como lo expresó de manera tan elocuente Gene Kelly, en la película *Singing in the Rain,* (Cantando en la lluvia) cuando describía su carrera y sus relaciones: "Dignidad... dignidad siempre".

Hablando en serio, permíteme mostrarte lo que sí puedes hacer cuando tu esposo no demuestre señales de regresar a ti para hablar sobre algún asunto. Se permite que hagas un

---

Los hombres son ostras

recordatorio —solamente uno— y sin confrontación directa. De manera razonable, normal y en un tono carente de sarcasmo le dirás: "Querido, ¿has pensado sobre el asunto que discutimos? Cuando estés listo, me gustaría hablar al res-pecto". Y eso es todo. No estés meneando las cejas. No te quejes. No ruegues. No grites. No lo hagas sentir culpable. Si lo mencionas mas de una vez, estarás criticando y machacando. Y estarás creando mayor, en vez de menor resistencia. Él se sentirá presionado, controlado, y escucharás el desagrada-ble sonido de una ostra cerrándose herméticamente.

Dile a tu esposo que tan sólo le recordarás una sola vez de que regrese a dialogar contigo. Esto es para el hombre una declaración informativa que ocurre una sola vez. Sencillamente dile: "Bob, deseo dialogar contigo sobre mi tendencia de machacar para que respondas a los asuntos que hemos discutido. Desde hoy en adelante, sólo te recordaré una vez de algún tema sobre el cual deseo que continuemos hablando". Haciendo uso de este mismo estilo de conversación, pregúntale cómo desea él que se lo recuerdes. Si a él no le gusta la manera que te he sugerido, eso está bien. Pregúntale cuales son exactamente las palabras que él desea que uses. Y entonces, hazlo a su manera. Así él se sentirá que está en control.

¿Cuándo debes hacer el acercamiento? Una buena regla a seguir es la siguiente: mientras más importante sea el asunto, más tiempo debes esperar antes de hacerle el recordatorio. A él le tomará más tiempo procesar un asunto de mayor importancia. Puedes esperar de dos a cuatro días y luego le haces el recordatorio. En cuanto a asuntos de menor importancia, no es necesario que esperes tanto tiempo. Entre treinta minutos y ocho horas es un tiempo bastante razonable. Y por supuesto, este asunto de menor importancia se puede abordar nuevamente al final del día.

También es buena idea, usar el recordatorio cuando tengas a tu disposición la plena atención y sin distracción de tu esposo. Como por ejemplo, durante el tiempo de conversación diario nocturno. Sin mayores distracciones y encaminados en algún tipo de conversación, las posibilidades de que el hombre escuche y responda al recordatorio son mayores.

Aunque mis sugerencias sobre el juego de trenes y las barajas fueron hechas en broma, puede que en ellas haya una pizca de verdad práctica. Algunos hombres prefieren que se les haga el recordatorio de regresar a la conversación, en manera no verbales e indirectas. Estos hombres se sienten amedrentados ante la idea de que una mujer le haga un recordatorio verbal. No importa cuán dulcemente ella lo haga, ellos lo odian, y se cierran. Si tú esposo se encuentra en esta categoría de los recordatorios no-verbales, no hay problema. Pregúntale qué quiere él que hagas.

Cierta pareja con quienes estuve trabajando, usaba su propia técnica. Cuando la esposa deseaba que el esposo hablara de algún asunto en particular sobre el cual habían previamente dialogado, ella le preparaba una taza de té caliente y la colocaba en la mesita en su lado de la habitación. Él veía la taza llena, y sabía que ella deseaba continuar hacia la próxima etapa de conversación. Para él, esta era una señal amable, y no amenazadora. ¡Cualquier cosa que para ti funcione, hazlo!

Pueden divertirse bastante con esto. Anímalo para que piense en maneras locas y creativas de hacerle el recordatorio. Algunos hombres responden mejor cuando se usa el humor. (No se sienten controlados cuando se están riendo). Cuelga un par de "panty hose" (media pantalón) en el ventilador de techo. Esconde el control remoto del televisor. En lugar de un plato regular, sírvele la cena en uno de papel. Ponle para que escuche una canción romántica y jocosa que él mismo haya seleccionado previamente. Envíale un mensaje por correo electrónico. Escríbele una nota. Ofrécele una barra de chocolate donde hay una nota amarrada que lee: "Habla con tu esposa, y soy tuya para que me disfrutes". El asunto es, hacer el recordatorio de la manera que a él le guste.

Él no responderá cada vez

Señoras, sé que esto no representará una completa sorpresa para ustedes, pero he aquí un hecho brutal que necesitan conocer. Aun cuando usen mis brillantes técnicas de comunicación, el hombre no regresará a dialogar con ustedes todas las veces y sobre cada asunto. (Eso sería como estar en el cielo de las comunicaciones, y lo cierto es que la vida aquí en la tierra no es tan buena como eso). No puedes esperar que él responda a cada cosa que menciones. ¡Lo cierto es que dices demasiadas cosas! No hay suficientes horas en un día para que él pueda procesar y regresar a ti para dialogar sobre cada tema que has mencionado. Sencillamente él no puede mantenerse a la par con todo el volumen que produces. Él es como el pobre obrero de factoría que se atrasa en la línea de producción, y nunca logra ponerse al día.

Debes albergar expectativas que sean realistas. Al principio, él estará bastante cerca de donde está ahora: cero en cuanto a regresar de los viajes en tren. No dejes que esto te desanime. Después de varios meses en que los dos hayan practicado la comunicación por etapas, su por ciento comenzará a elevarse. Si él aprende a usar el tren y regresa a dialogar entre treinta y cincuenta por ciento de las veces, ¡se habrá logrado algo muy bueno! ¡De hecho, es algo grandioso! Tal por ciento es más de lo necesario para establecer grandes conversaciones las cuales harán de tu matrimonio todo lo que siempre ha sido la intención de Dios.

En los últimos años, he tenido que trabajar arduamente en mis viajes por tren. En mis mejores semanas, regreso donde Sandy para continuar sólo cincuenta por ciento de nuestras conversaciones. ¡Esta es mi propia idea, y yo mismo puedo mejorar ese cincuenta por ciento! Y eso es después que ella me ha dado un recordatorio de que debo regresar.

La noticia buena es que: Para edificar una relación íntima, no es necesario acercarse ciento por ciento. Sandy y yo hemos reconocido que si en una semana puedo mantener la norma entre treinta y cincuenta por ciento, eso es suficiente. Completaremos dichas conversaciones, y usualmente nos podemos conectar con mayor profundidad en una o dos de ellas.

En una semana típica, Sandy y yo comenzaremos treinta conversaciones por lo menos. La mayoría de éstas desaparecen rápidamente y fallecen de manera rápida y natural. Terminamos concentrándonos en quizás unas ocho conversaciones. Si yo regreso para dialogar con Sandy sobre cuatro de las ocho conversaciones, entonces nuestras probabilidades de conectarnos a un nivel más profundo son excelentes. Si logramos la intimidad máxima en sólo una de estas conversaciones finalizadas, eso es bastante bueno.

Así es. Hemos descubierto que tan sólo una conversación íntima por semana es suficiente para mantenernos cerca el uno al otro emocional, física y espiritualmente. La semana completa se energiza por esta sola conversación en la cual nos pudimos conectar. Algunas semanas logramos tener mayor éxito. Y cuando eso sucede, realmente es algo tremendo. Debo decirles que francamente, es muy raro que logremos más de una por semana. Vivimos muy ocupados, los problemas son a diario y tenemos cuatro hijos. Para nosotros, una es suficiente. Para ti, también una lo será.

Clasifica las conversaciones

Señoras, creo que hasta el momento se habrán dado cuenta de que nada lograrán con requerirle al hombre que responda a cada uno de sus temas. Es sencillamente machacar. Lo volverán loco, y estarán aniquilando cualquier oportunidad de lograr la intimidad en el diálogo.

Les voy a enseñar un pequeño truco (debo decir, técnica), el cual pueden usar para ayudar a su esposo a responder de treinta a cincuenta por ciento de las veces. Durante el tiempo de introducción en una conversación, cuando te estés expresando respecto a algún tema, hazle saber a tu esposo cuán importante es para ti que él regrese con una respuesta. Clasifica la conversación en una escala del uno al diez, representando el uno lo más cercano a la insignificancia, y el diez lo más extremadamente importante para ti.

Típicamente, clasificarás sólo las conversaciones que para ti son importantes, y de las cuales deseas recibir una respuesta. Cuando estés compartiendo muchas pequeñeces durante la conversación —asuntos superficiales— permite que sea él quien decide si responde o no. No es necesario que digas: "Esa fue un uno, esa fue un tres..." Si no las clasificas verbalmente, él no podrá suponer que no es algo terriblemente crucial para ti. (Él tan sólo responderá si el tema causa algún interés en él). Cuando un tema es crítico y verdaderamente deseas una respuesta, ofrécele verbalmente una clasificación alta: "Bob, en cuanto a mí se refiere, esta es un nueve. Necesito una respuesta". Todo lo que sea desde un siete hasta un diez necesita ser clasificado.

El hombre común, no posee la habilidad de leer la mente a una mujer y descifrar por cuenta propia cuan importante es un tema para ella. La mujer piensa que es obvio cuando ella desesperadamente quiere o necesita una respuesta. Ella piensa que está transmitiendo señales increíblemente claras, y que sólo un idiota o un individuo a quien no le importe nada serían los únicos incapaces de descifrar su mensaje.

Señoras, qué maldad que ustedes no se casaron con una mujer. Ella sí captaría sus mensajes. Tu esposo no es un idiota ni un despreocupado. Él es un hombre, y sólo podrá captar tu señal cuando la misma le pegue en medio de la cabeza. Así que, ofrécele un número de clasificación cuando para ti sea especialmente importante que él te responda sobre un tema específico. Para él esto será una señal clara, y las probabilidades de que responderá aumentarán. Si no responde, vuelve a mencionar el número de clasificación cuando lo vuelvas a requerir.

Si él no responde después que lo has requerido, olvídate del asunto. Si el asunto es de índole sensible y vital, acércate a él y limpia tu sistema usando la técnica de comunicación unidireccional que discutimos en el capítulo ocho. Entonces, si es necesario tomar una decisión, procede a tomarla sin él.

Los hombres deben volver a visitar

Hombres, "volver a visitar las conversaciones" será algo extremadamente difícil para ustedes. Volver al lugar donde tu esposa terminó la conversación, y compartir tu reacción al respecto no es algo natural. Se siente extraño. Es exactamente lo opuesto a la manera como normalmente te desempeñas en el área de las comunicaciones.

Tratas por todos los medios de no vivir en el pasado. Constantemente miras adelante hacia el futuro: hacia el anochecer, hacia el día de mañana, hacia la próxima semana, hacia el próximo año.

Odias tener que volver a masticar noticias antiguas. No quieres hablar sobre ayer, ni aun sobre hoy mismo. Ya pasó. ¿A quién le importa?

Desafortunadamente, a tu esposa le importa. Ella desea hablar sobre el pasado. Continuamente ella menciona asuntos y eventos que pertenecen al pasado. Tu deseo es que no te metan a empujones en tales asuntos viejos. Te sientes irritado y buscas las oportunidades para salir de tales conversaciones. En cuanto a ti se refiere, cuando una conversación se acabó, pues se acabó. Si ella menciona algún asunto del pasado, inmediatamente te pones tenso y piensas: *Ya hemos hablado sobre este asunto. ¡Deja de estar pegándole a un caballo muerto!*

Escúchenme, hombres. Para ellas, el caballo no está muerto. ¡De hecho, ni aún ha nacido! Si mantienes el mismo estilo actual de una sola conversación por tema, jamás podrás tener una gran conversación con tu esposa. ¡Así es! ¡Nunca! Ni aun te podrás acercar, verdaderamente cerca, a tu esposa, a menos que vuelvas a visitar los asuntos y continúes las conversaciones. Pasarás mirando hacia el frente día tras día, mes tras mes, año tras año... hasta que muera.

No estoy diciendo que tendrás una vida miserable junto a tu esposa si no aprendes a construir conversaciones por etapas. Tal cosa no es cierta. Podrán disfrutar de una relación juntos. Estará bien. Quizá hasta buena. Pero no habrá mucha pasión, y la relación sexual será una rutina, pero eso está bien. Después de todo, la relación sexual no es lo más importante en el mundo, ¿cierto?

Escucha, yo no me casé para tener este tipo de relación sombría y tibia. ¡De ninguna manera! Yo deseo lo mejor, el más profundo y apasionado matrimonio que pueda tener con Sandy. Y sabes muy bien que eso es lo que deseas lograr con tu esposa. Para poder lograr esto, es necesario que vuelvas a visitar conversaciones pasadas.

Yo sé que tienes la habilidad de manejar estas destrezas de volver a visitar conversaciones, porque lo haces todo el tiempo. Piénsalo. Cuando regularmente te reúnes con los amigos, masticas con ellos vez tras vez los eventos deportivos. Hablas, con lujo de detalles y gran emoción, sobre el último esfuerzo que resultó en un "touchdown" en el fútbol americano, hablas sobre el "birdie" de veinticinco pies en el partido de golf, sobre el cuadrangular en la novena entrada, y sobre el golpe de "knockout" en la décima vuelta.

En los negocios, te ves obligado a masticar y remasticar una y otra vez asuntos del pasado con clientes y compañeros. Hablas y hablas y vuelves a hablar hasta que se logra un compromiso. Hasta que se llega a un contrato, se soluciona el problema.

Lo mismo lo puedes hacer con tu esposa. No te arrepentirás. Será más divertido que hablar sobre deportes con los amigos e incesantemente resolviendo un asunto en el trabajo, créeme. Comienza a hacerlo y verás que estoy en lo cierto. Ponlo a prueba por dos meses, y verás qué sucede.

Las mujeres deben ejercer la paciencia

La única cosa más difícil que "un hombre obligándose a sí mismo a visitar de nuevo una conversación" es una mujer obligándose a sí misma a esperar que el hombre lo haga. Señoras, se sentirán que se mueren al no hacer uso de la lengua mientras que el hombre está viajando en el tren y procesando. Les parecerá que él se está moviendo a la velocidad de un témpano de hielo. Te convencerás de que está demorándose a propósito. ¡Nadie toma tanto tiempo para pensar sobre un asunto, antes de regresar a dialogar!

Lo cierto es que a un hombre sí le toma tanto tiempo. Hay muy pocos hombres en el mundo que pueden procesar tan rápido como una mujer. Dudo seriamente que estés casado con uno de éstos. Los hombres que he conocido que tienen la habilidad de procesar rápidamente, están casados con mujeres que procesan lentamente. De una u otra manera, casi siempre hay uno en la relación quien procesa lentamente.

Señoras, ustedes poseen un doctorado en lo que es la expresión emocional. Ustedes son tremendas en esta área. De hecho, son de calibre mundial. En este campo, su esposo tan sólo ha podido luchar dificultosamente a un nivel de quinto grado. (Y creo que estoy siendo generoso). ¡Tengan paciencia con ellos!

Espero haberlas convencido de que su lento procesador es parte del diseño de Dios para la comunicación marital. No lo vean como un tipo de error genético. No lo vean como la manera que usa para irritarles y frustrarles. Y por encima de todo, no intenten apresurarlo. Así es. Uno de los más grandes errores que cometen las mujeres es intentar "ayudar" al hombre a procesar información de manera más veloz. ¿Se les hace difícil esperar, verdad que sí? Ustedes brincan sobre las vías, le hacen señales al tren para que se detenga, sacan al hombre a la fuerza y lo, obligan a hablar.

Ante este tipo de presión, bien intencionada o no, el hombre hace una sola cosa. Nada. Absolutamente nada. Cualquier intento por acelerarlo artificialmente es una seria violación, y aniquilará instantáneamente la conversación. Tu conversación yacerá inerte en medio del camino, y habrás sido tú la culpable de haberla matado, por andar a alta velocidad.

La paciencia es una virtud. Y es una virtud especialmente importante al lidiar con un hombre en una conversación. Señoras, necesitan desarrollar el don de la paciencia. Practiquen desarrollar la resistencia. Una conversación con un hombre no es una carrera de velocidad. Por lo menos, es una carrera de diez kilómetros. Por supuesto, para ti parecerá ser un agonizante maratón.

Cuando él esté en el tren, aprende a morderte la lengua. Sufre el momento. Muerde lo que sea con tal de mantener la boca cerrada y sin acosarlo. Dale la oportunidad de que regrese. Si por iniciativa propia él regresa para dialogar, entonces tendrás en tus manos una conversación que posiblemente, llegue muy lejos.

Trece

Antes de que abordes el tren

Sé que he provisto un valioso servicio público al explicar cómo usar el tren en la vida de una pareja. Creo que el mismo es uno de los secretos para lograr grandes conversaciones con el sexo opuesto.

¡Hombres, al presentarles el tren, les he dado un gran regalo! Estoy seguro que lo han de apreciar. Pero, hay una pequeña condición. Siempre hay una pequeña condición, ¿verdad? Sólo he compartido con ustedes la mitad de la historia sobre el tren. Hay algo muy importante que debes hacer antes de abordar el tren. No es un asunto opcional. No es un asunto decorativo. Es algo que debes hacer si verdaderamente quieres que el viaje en tren te ayude a ti y a tu esposa a comunicarse.

¿El "negligeé, o la bata de franela?

Si logras hacer "esto", tu viaje por tren podrá ser muy exitoso. Mientras estás en el tren, podrás enfocarte con claridad y encontrar lo tuyo, lo que andas buscando. No habrá presión de parte de la mujer. Podrás tomar todo el tiempo que necesites en la preparación de una respuesta. Y cuando regreses, tu mujer estará lista y anhelando escuchar lo que tengas que decir. La recepción que recibirás será amable y calurosa.

He aquí una idea de cómo sería. Regresas de tu viaje por tren y abres la puerta de entrada a tu casa. Te acercas a mirar en el estudio y sientes el calor del fuego encendido en el hogar.

Hay velas encendidas y se escucha una suave y dulce melodía. Frente a la chimenea se encuentra tu esposa recostada, vistiendo tu favorito y diminuto "negligeé". Ella te mira y extiende una invitación con su sonrisa.

Está bien, quizá no sea tan bueno como eso. Pero se asemeja bastante. Haz "esto" que te digo y tu esposa estará receptiva y placentera cuando regreses. ¿Y quién sabe? Es posible que después de tu gran conversación con ella, llegue el "negligeé".

Pero si fracasa al hacer "esto", lo opuesto sucederá. El viaje en tren habrá sido un tiempo perdido. Y probablemente no sea nada más que una manera de escapar. De parte de la mujer recibirás tal presión y sentimientos negativos, que no podrás concentrarte en tus asuntos personales. Y aun cuando regreses y desees hablar con ella, la mujer no va a querer escuchar lo que tienes que decir. Le importará muy poco. Ella estará enojada, herida, y resentida. Y la recepción que recibirás será extremadamente fría.

Sería algo muy parecido a lo siguiente. Y créeme que no es muy agradable. Cuando regreses y abras la puerta, tu esposa estará de pie en la cocina, con los brazos cruzados y rolos en su cabeza. Ella vestirá una bata de dormir de franela tan enorme como una carpa, la cual le cubre desde el cuello hasta el piso. Lo único que puedes ver es su cara. Pero eso es suficiente —ella tiene esa mirada en su rostro. La mirada que dice: "Tócame y morirás. No eres nada más que un pedazo de hilo sucio en la pantalla de mi vida". Ella te hará sufrir. Ha llegado la hora de dormir en el sofá, mi hombrote.

Hombres, si la impresión que hasta ahora tienen es que "esto" que deben hacer es algo muy difícil, están en lo cierto. Antes de abordar el tren, *su trabajo debe ser escuchar a la mujer expresarse a sí misma, y ayudarla a sentirse que en verdad la comprendes.*

Escuchar a la mujer y expresar comprensión por sus sentimientos, es el aspecto crítico de la primera parte de la conversación —"esto" es lo que debes hacer. ¡Es lo que prepara todo el proceso! Cuando la mujer se siente que la comprenden en la estación del tren, podrás experimentar una calurosa despedida y lo mismo al regresar de tu viaje. ¡La conversación podrá resumir en una nota positiva!

Aquellos hombres que aprenden esta destreza, son los que tienen mejores conversaciones con sus esposas. Y como pueden tener mejores conversaciones con sus esposas, tienen esposas más felices y gozan de mejores matrimonios. Y sus necesidades son suplidas por sus felices esposas. Pero aquellos hombres que no aprenden esta destreza... éstos tendrán que enfrentarse a la bata de franela y la mirada airada, cada día, por el resto de sus miserables vidas. Así que, hombres, las apuestas son altas. Es la última entrada en el juego de béisbol, hay un corredor en tercera base, y la cuenta está en tres bolas y dos "strikes". Es necesario pegarle a la pelota con solidez. Es necesario sacarle provecho a este momento tan crucial en el juego.

Para un hombre, es un asunto extremadamente difícil tener que escuchar a una mujer, y expresar comprensión por lo que ella ha expresado. Así como todo lo demás en la comunicación, esto no es algo natural para el hombre. Y es muy difícil precisamente por causa de otra importante diferencia que existe entre los cerebros del hombre y de la mujer.

El hombre lógico

Los hombres funcionan primordialmente de manera lógica. Nuestra primera reacción a la mayoría de las situaciones es lógica:

"Demuéstrame los hechos"
"¿Cuáles son los puntos positivos y los negativos?"
"Pensemos racionalmente"
"Definamos cuál es el problema"
"Estas son las posibles soluciones"

Es una reacción impersonal, objetiva e intelectual. No hace falta la emoción. De hecho, la emoción tan sólo es un estorbo y confunde las cosas. La lógica pura y hermosa mantiene la mente clara y nos dirige hacia una decisión correcta, basada en lo que podemos ver, observar y medir. Todo lo demás es superfluo. No es nada más que innecesario e irritante exceso. Si tiene sentido lógico, entonces tiene sentido.

Somos como unos calmados y desconectados científicos que aplican la lógica de manera rigurosa y precisa a cada situación. Es un proceder metódico, lento, y paso a paso, ha sido pasado de los padres hacia los hijos, generación tras generación. La A sumada a la B, sumada a la C, debe ser igual a la D.

Los hombres sí tienen una reacción emocional, pero la misma es secundaria. No nos percatamos de nuestras emociones hasta cierto tiempo después que hemos comenzado la conversación. Para poder hallarlas, necesitamos abordar el tren.

La mujer emocional

Las mujeres funcionan primordialmente... ¿adivinen cómo? Emocionalmente. La primera reacción de una mujer a la mayoría de las situaciones es emocional:

"Estoy airada, triste, frustrada... contenta".
"Esto es lo que cada detalle significa para mi".
"Estoy enojada y aún no sé por qué".
"Estoy percibiendo. Me dejo llevar por lo que siento".

La reacción de las mujeres es más personal, más subjetiva y desde su interior. Automáticamente una mujer se adhiere a una situación particular y reacciona emocionalmente a cada detalle en dicha situación. Ella se percata y responde a cada matiz, con delicadeza, y sombra no definida. El lenguaje corporal, el mal aliento, la ranura en el techo y la canción en la radio —todo pasa a través de su filtro emocional.

Ella es como un artista sensible y susceptiblemente emocional que usa todos sus sentidos a la vez al evaluar cierta situación. Ella ve, escucha, toca, prueba y huele. Y por encima de todo, ella siente. Ella intenta captar el sentir de la situación.

Es la manera impredecible, rápida como el fuego que dispara sin aviso previo, que las mujeres en su vida se hubieran imaginado que iban a usar. No hay una secuencia u orden particular a su reacción emocional. Ella sencillamente permite que suceda:

"Definitivamente hay un A. Y supongo que hay una T. Sí, sí, la T está bien. Quizás la F, pero no estoy segura. Espera, algo está por llegar. Sí. Q. Aquí llegó Q. Definitivamente W es un problema. Odio la W. No tengo la más mínima idea de cómo concluimos tal cosa. Aún estoy intentando cubrir todo el alfabeto".

Todas sus reacciones emocionales, sus sentidos e impresiones son canalizadas a través de su intuición. De hecho, sí es cierto que *existe* tal cosa como la intuición en la mujer. La misma es real, y funciona. Funciona porque la mujer se percata de más cosas en una situación particular que el hombre. Ella percibe cosas —a veces son cosas críticas, pequeños detalles— que él pasa por alto completamente.

La primera reacción de una mujer a cierto evento o situación, casi siempre es puramente emocional. Así es como Dios la hizo. Ella sí posee una reacción lógica, pero la misma es secundaria. Ella puede ser tan lógica como lo es el hombre, pero eso no va a suceder hasta más tarde en la conversación. Ella tendrá que abordar su propio tren para poder hallar la lógica.

Cuando una pareja compra un auto o vende su casa, esta diferencia entre lo lógico y lo emocional se hace claramente evidente. La primera reacción del hombre ante el auto es una lógica hermética: "¿Cumple el auto con mi lista de requisitos? ¿Posee el espacio necesario, las opciones, el millaje por galón, un buen registro de mantenimiento, el valor de reventa, y el precio adecuado?"

Olvídate de las emociones. Él no se permitirá a sí mismo el entusiasmarse antes de que exista la posibilidad de poder comprarlo. Ahora, después que el auto ha cumplido con sus normas lógicas, es cuando él puede darle rienda suelta a sus emociones. "Vaya, este bebé sí tiene buena apariencia. Es el tipo de auto que a un tipo como yo le gustaría manejar".

La reacción de la mujer ante el auto es puramente emocional. "Oh, mira éste. ¡Es tan hermoso! ¡Es tan lindo! Siempre me ha gustado el color verde. Me gusta mucho este auto". Inmediatamente ella establece una relación emocional con el auto. Ella se "siente" bien respecto al auto. O, no se siente bien al respecto. "Odio este auto, es feo. No manejaría este auto aunque sea el último en toda la tierra".

Después de su explosión emocional, ella se trasladará hacia el nivel lógico donde tomará en consideración los distintivos y las opciones del auto. Pero ella no actuará lógicamente hasta que no se sienta bien respecto al auto. Primero, ella y el auto se hacen amigos. Entonces, ella decidirá si los distintivos del auto permiten que la relación continúe. De no ser posible, ella lamentará la pérdida inmediatamente, y se trasladará hacia el próximo auto.

Cuando un hombre y su esposa venden su casa, nuevamente ambos reaccionan de manera diferente. La mujer está perdiendo una buena amiga, y quiere asegurarse que la misma esté en buenas manos. Ella dirá: "Me siento bien con la familia Smith. Igual que yo, ellos también aman esta casa, y cuidarán de ella". Al hombre le importa muy poco si la familia Smith cuida o no de la casa. Inicialmente, a él tan sólo le interesa el negocio. "A mí no me importa si los Smith son un grupo de asesinos en serie, siempre y cuando yo consiga el precio que deseo".

Esta diferencia sobre la manera como ambos sexos inicialmente reaccionan en ciertas situaciones, es la causa de todo tipo de problemas en la conversación. La mayoría de las mujeres no se mueven hacia el nivel lógico debido a que la conversación no dura lo suficiente. La misma ha terminado antes de que ella pueda hacer la transición de lo emocional a lo lógico. También la conversación termina antes de que suceda algún tipo de intimidad. No debe sorprendernos de que el inconsciente culpable en muchas de estas abreviadas conversaciones sea el hombre. Es él quien actúa como el corto circuito de una conversación tras otra, y ni tan siquiera sabe que lo está haciendo. El problema radica en que él aún no sabe cómo lidiar efectivamente con una mujer emocional.

Esto es, en parte, debido a que la mayoría de las conversaciones comienzan con la mujer hablando. Y eso está bien. Es ella quien habla más. Ella es la más expresiva. Cuando ella comienza a hablar, a menudo lo estará haciendo desde el nivel emocional. Si el asunto es personal, existe ciento por ciento de garantía de que ella esté en el nivel emocional. Ella estará expresando sus emociones. Ella estará respondiendo a todos los detalles de una situación en particular. Ella estará compartiendo y reaccionando desde lo más profundo de su ser. Y también, estará volviendo loco al hombre.

Todas sus emocionas hacen que el hombre pierda el balance por completo, debido a que ella está en el nivel emocional. Y naturalmente, él responde a ella lógicamente. Esto es un error. No es un error malicioso. Su intención no es herir a la mujer, pero lo hace. ¡Son tantas y tantas las conversaciones que terminan de esta manera! La mujer es emocional. El hombre responde lógicamente. No hay conexión. No hay conversación. Lo que sí hay es abundancia de frustración, resentimiento y sentimientos heridos.

Veamos cómo es que este problema se manifiesta en las conversaciones. Necesitas conocer cómo *no hacerlo*, antes de que aprendas cómo hacerlo correctamente.

Catorce

Cómo matar una conversación

L a otra noche tuve un sueño perturbador. Soñé que dos estrellas de la televisión de los años sesenta, Jack Webb y Lucille Ball, se casaron. Jack aun estaba representando su papel como el personaje Joe Friday, el increíblemente detective serio en la serie titulada "Dragnet". Lucille, continuaba representando su estrafalario papel de Lucy Ricardo de la serie "I Love Lucy". En mi sueño, Joe y Lucy decidieron protagonizar durante su luna de miel en su propio programa de televisión. El mismo se titulaba "Joe ama a Lucy".

Joe Friday ama a Lucy Ricardo

Recuerdan a Joe Friday en la serie "Dragnet". Era el tipo de hombre sin pretensiones, todo por el libro, el hombre cuyo cuello de camisa no se dobla ante nadie, el rudo —el señor lógica en persona. Joe dependía en gran manera de su razonamiento intelectual para resolver cada problema en su trabajo, y en su vida personal. Por supuesto, él no tenía otra vida aparte de su trabajo. Él tan sólo hablaba las palabras necesarias. El humor para él era algo innecesario. Para él, hasta sonreír era un esfuerzo innecesario.

El lema favorito de Joe, el cual pronunciaba unas diez veces en cada programa era: "Tan sólo dame los hechos, nada más que los hechos", y podré resolver el crimen. Él podía decidir comerse la hamburguesa con queso o el jamón en pan de centeno para el almuerzo.

Para Joe, las emociones no eran nada más que el simple y confuso parloteo de individuos débiles. Joe no tenía emociones, y se disgustaba con las personas que se quebrantaban ante la presión y expresaban sus emociones. Y especialmente, Joe no toleraba las emociones en las mujeres. Su trabajo lo forzaba a lidiar con mujeres en situaciones de crisis, pero esto no era de su agrado. Cuando una mujer a la que estaba entrevistando demostraba demasiada emoción, inmediatamente Joe intentaba callar su lloriqueo, y llevarla a comportarse como un ser racional diciendo algo parecido a esto: "Sí, yo sé que ante su presencia su hijo fue cortado en pedazos con una sierra. Qué manera tan difícil de morir. Pero debe comprender que llorar no hará que su hijo Timmy vuelva a la vida. Tan sólo deme los hechos, señora, sólo los hechos. ¿Dónde cree usted que podemos encontrar el pie derecho de Timmy?"

En el programa "I Love Lucy", la personalidad y la manera como Lucy se enfrentaba a la vida variaban tan sólo una pizca del estilo y la personalidad de Joe. Lucy era una mujer estrafalaria, loca, impredecible e intensa. Ella rebotaba de una descabellada aventura hacia la otra, y usualmente lo hacía acompañada de su mejor amiga y vecina, Ethel.

Lucy nunca experimentó una emoción que no compartió con alguien. Cualquier cosa que sentía lo expresaba espontáneamente y en voz alta. Y ella sentía innumerables emociones. Ella gritaba, y se reía a lo largo de cada programa. Cuando ocurría alguna crisis, Lucy no se sentaba a pensar qué debía hacer. Ella simplemente reaccionaba y daba rienda suelta a sus emociones. Hacía todo aquello que sus emociones la impulsaban hacer.

Definitivamente, la lógica no era uno de los puntos fuertes de Lucy. No le prestaba atención a la razón. Ignoraba todos los consejos racionales de los demás, incluyendo los de Ethel, haciendo que las cosas se complicaran cada vez más. Eventualmente, su esposo y director de orquesta Ricky Ricardo, descubría todo el desastre y la destrucción causada por Lucy. Y en su fuerte acento latino, Ricky le gritaba diciendo: "¡Lucy, me debes una explicación!" Finalmente, hacia el final del programa, Lucy se calmaba y lograba bajarle los humos a su esposo al darle una explicación de su última aventura. Ricky nunca comprendía todo a cabalidad, pero la perdonaba, y el programa concluía en una nota feliz y llena de armonía.

De regreso a mi sueño, Joe Friday y Lucy Ricardo se casaron, pero no vivieron felizmente y para siempre. En realidad no tenían uno de esos matrimonios creados en el cielo. Hablando con franqueza, su matrimonio era un desastre. Las explosiones emocionales de alto octanaje por parte de Lucy llevaron al pobre y lógico Joe al borde de la locura.

¡Nunca pudieron terminar una sola conversación! Lucy siempre estaba emocionalmente cargada al hablar con Joe, y Joe continuamente la interrumpía en su intento por calmarla. Y en su clásica y monótona voz le decía de continuo: "Lucy, lo que dices no tiene sentido alguno. Tus emociones te están nublando la mente. Tan sólo dame los hechos". Su lógico proceder sólo lograba enfurecer a Lucy, y como resultado ella aumentaba el tono de su voz, su enojo y su estado emocional.

Finalmente, Joe no pudo contenerse y le puso las esposas a Lucy. La esposó a la mesa del comedor y se marchó de la casa. (En mi sueño, los hombres que formaban parte del público en el estudio se pusieron de pie y lo aplaudieron). Lucy le gritó: "¡Nunca podrás comprenderme, animalote! ¿Por qué no puedes escuchar? Con Ricky siempre me fue bien". Las mujeres que estaban en el público corrieron hacia ella para ayudarla y quitarle las esposas. Y fue entonces cuando desperté en medio de un baño de sudor frío.

¿Podrías imaginarte cómo sería el matrimonio entre Joe Friday y Lucy Ricardo? Por supuesto que sí. Tú mismo lo estás experimentando. ¿Verdad que ustedes también tienen un matrimonio estilo Joe Friday-Lucy Ricardo? Y si no es exactamente como el de Joe y Lucy, se asemeja bastante. No lo niegues. Y tampoco te vayas a sentir tan mal al respecto. El mío también es así.

Casi todos los matrimonios tienen un señor lógico impecable y una señora cruda emoción. Es una dura combinación. Cada uno de nosotros, los Joe Friday, cometemos el mismo error vez tras vez. Respondemos lógicamente a nuestra emocional mujer. Por supuesto, esto no funciona, y terminamos creando un problema mayor del que Lucy jamás creó.

A continuación les comparto cuatro respuestas lógicas que comúnmente los hombres le expresan a una mujer que es emocional. Yo he sido culpable de cada una de ellas. Hombres, ya es tiempo de que aprendamos de nuestros propios errores.

"No debes sentirte así"

La mujer está siendo emocional y se está expresando con su compañero. Sus sentimientos pueden estar siendo dirigidos a él por algo que ha dicho o hecho. O, quizá esté ventilando sentimientos respecto a otra persona o situación en su vida. Está siendo honesta. Está compartiendo su corazón con el hombre que ama. El hombre hace una evaluación de lo que está escuchando, y decide que le puede ahorrar a ella bastante tiempo y problemas. Y le dice las siguientes palabras: "Escucha, no hay por qué reaccionar de manera tan emocional bajo estas circunstancias. Por lo tanto, no lo hagas. ¡Deja de sentir!"

Este es un intento demasiado crudo de ayudar a la mujer para que no sienta tales sentimientos. Él no ve ninguna razón lógica por la cual ella deba estar experimentando tales sentimientos. Una vez que ella comprenda, no habrá ya más fundamento para sus emociones. Ella tiene el poder de detenerlas. ¿Cierto? Siento decirte que no es así. La mujer no está equivocada al reaccionar emocionalmente. ¡Así es como Dios la creó! Es un aspecto integral de su naturaleza. Es un aspecto importante de lo que la hace ser mujer. Es natural y saludable. (Yo he intentado usar este "deja de sentir" método con mi esposa Sandy en varias ocasiones, y sencillamente no funciona).

Sandy se enoja y se siente herida por algo que he hecho, y riega sobre mí todos estos sentimientos. Es como ser empapado por una manguera de alta presión. Y mientras ella expresa sus emociones, me percato esperanzado que su argumento carece de todo fundamento. ¡Ella me ha interpretado mal! ¡Ella ha malinterpretado toda esta situación! Nunca fue "mi intención" hacerla sentir mal. Soy un hombre inocente porque mi motivación fue pura. Ningún jurado en el mundo me podría condenar.

Qué pena que no estoy frente a un jurado. Estar frente a un jurado me salvaría. Pero me encuentro frente a Sandy, y ella no aprecia mi esfuerzo de quitarle sus emociones. Explico su mala interpretación. Le explico que no fue mi intención causarle dolor, y honestamente espero que Sandy reconozca su error y se sienta mejor inmediatamente. Me encantaría poder escucharla decir, por lo menos una sola vez: "Oh, supongo que en todo momento el error fue mío. Siempre y cuando no haya sido tu intención hacerlo, no debo sentirme enojada u herida".

Aún estoy esperando que Sandy diga tales palabras. Lo que sí sucede es que se enoja aun más, porque intento buscarle una explicación a mi falta de comprensión por sus sentimientos. El que haya sido o no mi intención enojarla, no es el asunto. Ella se siente herida, y tiene derecho a expresar sus sentimientos.

Las mujeres son sensibles. Son afectadas por los eventos a un nivel más profundo que los hombres. Mi Sandy, y casi todas las mujeres, logran alcanzar un alto nivel de intensidad emocional en un breve período de tiempo. Estamos hablando de minisegundos. Y típicamente, les toma a las mujeres alrededor de una hora, o más, "descender" de su clímax de intensidad emocional. Les tomará aun más tiempo si ofreces alguna de tus brillantes y lógicas explicaciones sobre por qué no deben tener emociones.

Otra manera en que los hombres tratan de apagar las emociones de una mujer es al apresurarse al decir: "Lo siento". En realidad no lo sentimos. Lo único que deseamos es que detengan toda esa descarga de emociones. Lo que estamos haciendo es alzando la bandera blanca en un desesperado intento de salvarnos a nosotros mismos de misiles adicionales emocionales. Y si ustedes continúan disparando, decimos en tono de exasperación y santurrón: "Escucha, ya te dije que lo siento. ¿Qué más quieres?"

Lo que ella quiere, y necesita, es que se le oiga y se le escuche. Decir lo siento, es muy lindo, y quizás ayude de alguna manera, pero sólo después que ella haya ventilado y sienta que el hombre comprende sus emociones.

"¿Por qué estás tan enojada?"

Esta respuesta es un poco más sagaz que la anterior. En esta ocasión, el hombre aprecia la necesidad de algún sentimiento emotivo. Mientras la mujer se expresa, aun él tiene que admitir que en una circunstancia como ésta, cualquier persona razonable demostraría ciertas emociones. Por lo tanto le dice a ella: "No te culpo por estar enojada, querida. Fui yo quien arrolló con el auto a Centellas, el gato". O, "Hombre, eso sí que es difícil. Qué lástima que a tu amiga se le quemó la casa".

El asunto es que él considera que ella está reaccionando excesivamente. Cierta cantidad de emoción no está mal, pero ella se ha pasado de la raya. Él le comenta que sus emociones son demasiado intensas.

"Estás demasiado enojada, Betty".
"Ya esto es demasiado, querida".
"Tienes que controlarte".
"¿Te piensas calmar?"

Este método funciona a las mil maravillas. La mujer escucha tal sabiduría de parte de su esposo, e inmediatamente reconoce que sus emociones son demasiado intensas, y no son las adecuadas para la situación en particular. Sintiendo cierta vergüenza ella se excusa. "Tienes toda la razón, querido. Gracias por tu consejo. Supongo que me excedí un poco. ¿Está bien mi presente nivel de calma?"

Hombres, si ustedes pensaban que antes ella era demasiado intensa, esperen entonces hasta que usen este método lógico. Ustedes aún no han conocido lo que "intenso" significa. Ella se sentirá tan ofendida, o sencillamente airada ante tu atrevimiento al decirle que posee demasiada emoción.

Escúchenme, hombres. La mujer aún no está al nivel lógico, y por lo tanto sus emociones pueden ser bastante crudas. Ella es, por naturaleza, más emocional de lo que jamás podrá llegar a ser. Ella no está fuera de control. No está loca o inestable. Ella no matará a nadie, ni tampoco le pasará por encima a los animales con su auto. Sus sentimientos son muy fuertes y un poco desordenados, particularmente cuando comienza a hablar. Pero lo que *no tiene* es demasiado emoción.

Hombres, sé que ustedes no saben cómo manejar la intensidad emocional de una mujer. Piensan que ella está fuera de control y que se comporta irracionalmente. Y por lo tanto, ustedes tratan de que recobre el control al pedirle que baje el nivel de intensidad de sus emociones. ¿Alguna vez has arrojado gasolina sobre un fuego ardiendo? Así mismo es cuando intentas calmar a una mujer. Haces que el pequeño fuego se convierta en un voraz incendio.

Si quieres que una mujer se calme, debes aprender a mantener el equilibrio cuando ella manifieste intensidad emocional. Ella está bien. Nada malo ocurre. Créeme. Si pacientemente le permites hacer lo suyo, ella se calmará. Déjala. Déjala manifestar su intensidad. A menos que desees sufrir, ¡no interrumpas a una mujer cuando hay intensidad emocional! Permítele que deposite completamente toda su carga emocional sobre tu persona. Ella "se desahogará plenamente", y eventualmente descenderá a un nivel emocional con el cual podrás lidiar con mayor comodidad.

"Así es la vida, querida"

La mujer comienza a hablar sobre un evento que le ha ocurrido en su vida. Puede ser que el hombre no haya estado involucrado en dicho evento. Mientras ella va aumentando su volumen emocional, y se prepara para compartir los detalles de su historia, el señor lógica se interpone repentinamente en su camino haciendo uso del clásico método: "Así es la vida, querida", para cortar la conversación abruptamente. Y le dice con apariencia de seriedad: "Escucha, lo pasado es pasado. No hay nada que podamos hacer respecto a lo sucedido. Eso es historia antigua. Debemos trascender, ¿no crees?"

¿No crees que este es un método bastante compasivo y amoroso? Actualmente lo que él le está haciendo es un favor. Si el pasado ya pasó y no podemos hablar sobre el mismo, entonces ella puede ser librada del problema y del dolor de expresarse al respecto. Lo único que ella tiene que hacer es lo que él hace: decir que ya no existe tal asunto, bloquearlo fuera de la mente, y caminar confiadamente hacia el futuro.

Este método es maravilloso en situaciones de combate. Cuando las fuerzas aliadas estaban atacando las playas de Normandía, no había tiempo para detenerse y llorar por los muertos. "Le dispararon a Fred. ¡Le volaron la cabeza! ¡Henry! ¡Oh, no! ¡Henry también cayó!" Si hacías una pausa para expresar tus sentimientos, morías en la playa. Había que tragarse los sentimientos y las lágrimas y continuar hacia adelante, o no sobrevivirías. Así que, hombres, cuando se encuentren en una situación de combate actual, siéntanse libres para olvidar el pasado y seguir hacia adelante. Pero cuando tu esposa está enojada y expresa sus sentimientos, dicho método no funciona. ¡De hecho, es un desastre!

Si lo intentas con tu esposa, te encontrarás en una situación de combate muy parecida a la siguiente: Una joven madre se encontraba en mi oficina de terapia junto a su esposo. Ella estaba luchando con el ajuste de los cambios producidos en su vida por la llegada de su primer hijo recién nacido. Compartió profundamente por diez minutos sobre lo difícil que era ser una nueva mamá. Las constantes necesidades del bebé. La falta de descanso, fatiga y carencia de vida personal. Cuando hubo terminado, miró atentamente a su esposo. Él respondió sarcásticamente y en voz profunda: "¡Pues bienvenida a la vida maternal!" Esto no era precisamente lo que ella deseaba escuchar. ¡Tuve que arrancarle las manos del esquelético cuello de su esposo! Esta señora deseaba dar a conocer su dolor, necesitaba comprensión y un poco de ayuda con el bebé. Y lo que recibió fue: "Así es la vida, querida. Acéptalo".

"Siéntate a un lado, mi pequeña, papá te va a ayudar"

A la vez que la mujer se entrega por completo a una descripción emocional sobre algún asunto, instantáneamente el hombre lo percibe como un problema. Y es él, quien sabe cómo resolver el problema. Él la interrumpe, y activa al hombre-respuesta que en él hay, diciendo: "Querida, comprendo tu problema, y tengo buenas noticias para ti. Yo puedo resolverlo. Déjame decirte lo que haría en tu lugar". Él le expone un plan de acción de cinco pasos que es lógico y racional. Y está seguro que sus consejos la ayudarán a sentirse mejor. Eso es porque cuando el hombre tiene un plan, es él quien se siente mejor.

La mujer mira fijamente a su señor arréglalo-todo y exclama: "¡Oh, qué día tan feliz! Me has provisto de un plan, y ahora no tengo que sentir que mi ánimo está por el piso. Y qué te parece, todos mis sentimientos negativos han desaparecido". Por supuesto que no. ¡Al contrario, ella se siente rechazada y ofendida!

Otra variación del proceder "Papá te va a socorrer" es, cuando el hombre le relata a la mujer una historia sobre su propia vida. Él cree que si le relata su historia, ella dejará de sentirse sola, y quizá a ella se le ocurran algunas ideas sobre cómo resolver su propio problema. Él le dice: "Sabes una cosa, querida, eso me recuerda la vez cuando me encontraba en la ciudad de Cleveland y algo muy parecido me sucedió..." Sus intenciones son buenas, ¡pero está completamente equivocado! Este proceder podrá servirle de ayuda a otro hombre, pero en nada le ayudará a ella.

Hombres, les quiero decir que proveer una solución lógica no es lo que la mujer desea o necesita. Ella está buscando una conexión, intimidad y comprensión. Ella desea que arregles los aparatos electrónicos del hogar, pero no sus problemas personales. Por lo menos, no inmediatamente. Pero, si ella se acerca y te dice directamente: "Querido, ayúdame a resolver este dilema ahora. Dame tu plan lógico". ¡Ni lo pienses dos veces. ¡Manos a la obra! De otra manera, sencillamente déjala que se exprese, y solamente escucha.

Caballeros, todas estas respuestas lógicas hacen que la conversación se estrelle contra una pared de concreto. En lugar de traer orden y racionalidad a una situación, tu lógica causa que de la mujer, erupcione mayor caos y emoción. No es tu intención crear este tipo de problema, pero lo haces.

Es importante que ambos sexos comprendan el porqué los hombres responden lógicamente ante una mujer emocional. Ya he mencionado algunas de las razones, pero aun hay varias razones más que son la clave al sistema de respuesta lógica del varón. Al entender tales razones, podremos colocar la lógica en su debido lugar durante una conversación. Y cuando esto sucede, le habremos otorgado la oportunidad a la conversación de desplazarse hacia la intimidad.

Quince

El capitán Kirk
encuentra su igual

Una solitaria figura se percibe de pie sobre la superficie de un pequeño e inexplorado planeta en el Sistema Solar Gama Veinte. La fecha estelar es 353.4851. La figura no es otro que James T. Kirk, Capitán de la Nave Intergaláctica, U.S.S. Enterprise. Se encuentra solo porque el sistema de transporte del Enterprise tuvo una falla, y sus cuatro tripulantes no se materializaron sobre la superficie del planeta. (Ese absurdo transportador siempre con el funcionamiento defectuoso).

El Capitán Kirk ha llegado a este escondido planeta bajo las órdenes del Comando de la Flota Estelar. Hay informes poco precisos de que un extraño y horrible ser tiene bajo vigilancia un inapreciable tesoro de depósitos minerales. La misión de Kirk consiste en establecer buenas relaciones con dicho ser, y asegurar los derechos de propiedad sobre tales minerales. Un sinnúmero de hombres han intentado previamente establecer contacto con el extraño ser, pero todos han fracasado. Y al estilo típico de los hombres, jamás ninguno de ellos ha hablado al respecto.

El Capitán Kirk está capacitado para esta importante tarea. Su valentía y firmeza son muy bien conocidas a través del universo. A través de setenta y nueve episodios de la serie de televisión "Star Trek", y seis películas, el Capitán Kirk ha probado su valor como valiente y audaz negociador, con todo tipo de seres extraños.

En casi todas las situaciones, él ha logrado ganarse la confianza de los extraños seres ante los cuales ha tenido que enfrentarse en el campo de batalla. En aquellos casos en los que no ha podido establecer una amistad con un ser extraño, casi los mata. Cualquiera que sea el resultado, Kirk siempre logra la victoria. Pero en esta ocasión ¿encontrará por fin Kirk a su igual?

Cuando por fin llega, la confrontación es sorprendentemente corta. Aparece el extraño ser, y Kirk queda asombrado por su belleza y encanto. No comprende lo que el ser está diciendo, pero se siente profundamente atraído. (Por supuesto, Kirk siente atracción por toda forma de vida femenina que conoce). El extraño ser siente frustración al no lograr que Kirk comprenda su lenguaje. Kirk intenta usar el traductor universal, un aparato que compara las frecuencias y ondas del cerebro. Pero aun esto no funciona.

De pronto, el extraño ser se transforma de una hermosa criatura a un horrible y grotesco monstruo. Toda su conducta y disposición se hace increíblemente tensa. El volumen y el nivel de sus palabras alcanzan niveles astronómicos.

El capitán Kirk intenta detener a la criatura para que no pierda la calma. Sus intentos al razonar con la criatura fracasan miserablemente. De hecho cada una de sus palabras, parecen enfurecer aun más al extraño ser. Estremeciéndose violentamente y echando espumas por la boca, la ira y la intensidad de la criatura continúa escalando.

Kirk está asombrado ante el asombroso poder que emana desde lo más profundo del extraño ser. Y, a pesar de su diminuto tamaño, siente temor. Por primera vez en su carrera, no tiene la más mínima idea de lo que debe hacer. Sintiéndose completamente abrumado, decide usar el truco más antiguo en su repertorio: "¡Ten cuidado, hay algo detrás de ti!" Y cuando el monstruo se vira para mirar, Kirk corre como un cobarde.

Esta no es una simple fantasía de la ciencia-ficción. Por supuesto que no. He acabado de describir cómo es que se siente un hombre al enfrentarse ante una mujer que está expresando sus emociones. Sí, mis queridas señoras, así de malo son. Créanme.

La mayoría de las mujeres no tienen idea del quebrantador impacto que su intensidad emocional causa sobre un hombre. Es posible que por fuera él no demuestre mucho, pero por dentro está amedrentado. La intensidad de la mujer lo asusta. Le causa náuseas. Lo confunde. Lo enoja. Él hará cualquier cosa por detenerlo, o por lo menos, reducirlo. Si todo lo demás fracasa, al igual que el Capitán Kirk, ¡saldrá corriendo!

Por qué los hombres evaden la emoción

Hay tres razones claves que subrayan el porqué los hombres continúan testarudamente haciendo uso de la lógica como respuesta a una mujer emocional. Quizás éstas no son buenas razones, pero son la verdad. Echémosle un vistazo al fundamento inestable de la lógica masculina.

La lógica es la respuesta

La primera razón es que en realidad creemos que no hay nada mejor que la lógica. Así lo creemos. La lógica es la respuesta a todos los eventos y los problemas de la vida. No hay nada a lo que te enfrentes en la vida, que no pueda ser resuelto por el uso de la lógica.

La mayoría de las veces nos desenvolvemos en el nivel de lo que es lógico. En este nivel nos sentimos cómodos. Hay seguridad, organización y firmeza en la lógica. Se toman pasos racionales. Y, por supuesto, la lógica nos ayuda a mantener el control (¿recuerdas los capítulos dos y tres?).

Nosotros odiamos —absolutamente odiamos— las situaciones en las cuales nos sentimos fuera de control. Y es éste el principal problema que tenemos con las emociones. Para nosotros, la emoción es igual a estar fuera de control. ¡La emoción es tan...tan...tan... caótica! ¡Tan impredecible! Cualquier cosa puede suceder, y usualmente sucede.

Cuando estamos con una mujer que es intensamente emocional, no sabemos qué va a decir o hacer. Ella dispara en todas direcciones. (¡Lo que más *atemoriza* es que ni ella misma sabe lo próximo que va a decir!) No sabemos lo que vamos a encontrar al doblar la esquina. Es como estar montado en la máquina salvaje en el parque de diversiones por primera vez en tu vida. Ella definitivamente está fuera de control, y es o nos hace sentir a nosotros fuera de control también. Al hacer uso de la lógica, podemos intentar tranquilizarla y darle el control que necesita. Aun si esto no funciona, la lógica nos mantendrá a nosotros bajo control.

Un poco de emoción está bien. Seguro que sí. Nosotros tenemos emociones, y por supuesto no hay nada de malo con que la mujer exprese emociones, siempre y cuando las mismas no sean demasiado personales, profundas o intensas. Las emociones deben expresarse a un nivel bajo y controlado. No te entusiasmes demasiado, porque cuando la emoción atraviesa cierto límite, crea problemas. De inmediato la atmósfera se llena de electricidad. Es como estar atrapado a la intemperie en una violenta tormenta de rayos. Si uno no logra hallar dónde cobijarse, sufrirá graves consecuencias. La lógica es lo que nos cobija.

Olvida el pasado

Segundo, odiamos las emociones porque éstas usualmente llevan a las mujeres a hablar sobre el pasado. Si hay algo que no nos agrada es que la mujer desee dialogar sobre algún tema del pasado, y que lo mastique una y otra vez. En el capítulo pasado hice mención sobre este tema, pero vamos a profundizar un poco sobre el mismo.

Los hombres han sido creados para enfocarse en el presente y hacia el futuro. Nuestra capacidad para memorizar es muy pobre, y no podemos recordar lo que sucedió hace diez minutos, mucho menos algo que sucedió hace diez años. Pero es aun más que esto. Nosotros los hombres automáticamente borramos el pasado (o intentamos hacerlo), y miramos hacia el futuro. Ayer, quedó en el olvido. Se acabó. No podemos cambiar el pasado. Sí podemos hacer algo hoy y mañana y la próxima semana. Lo que queremos son nuevos y refrescantes retos.

Para nosotros, el pasado es insignificante y sin sentido. Es trivial. Muerto. Enterrado. Por favor, no lo desentierres. Déjalo en el pasado. Para los hombres, hablar sobre el pasado es como virar el auto en el cual viajas, y retroceder para recoger algún animal muerto sobre la carretera. Y que te obliguen a comerlo durante la cena.

Hombres, sé cómo se sienten. Yo solía sentirme de igual manera. Recientemente, con la ayuda de Sandy, he llegado a comprender el valor de dialogar sobre el pasado. Aún fijo la mirada hacia el futuro. Es bueno conservar tal hábito. Pero ahora, he mejorado mi manera de lidiar con los eventos del pasado.

Permítanme ilustrar cuán importante es este asunto: Una señora y su esposo se encontraban en mi oficina. Hacía dos semanas que habíamos comenzado las sesiones de terapia matrimonial, y nos acabábamos de enfrentar a un asunto de importancia. La mujer compartió que varios años atrás, cuando recién casados, ella se hizo un aborto. La mujer sollozaba mientras relataba la historia. Ellos no tenían dinero. Él estudiaba. Pensaron que no podrían mantener al niño económicamente, y no se sentían preparados para ser padres. "Así que", susurró ella, "fui a una clínica y maté a mi bebé". La culpa y el dolor que sentía era arrollador, aun después de tantos años.

Su esposo escuchó el relato en sepulcral silencio. Parecía impasible, aislado e imposibilitado de establecer una conexión emocional con su esposa. Él dijo en un tono frío y monótono: "Escucha, sucedió lo que iba a suceder. Fue un error. Me siento perdonado. Para mí todo ha terminado. No quiero hablar más al respecto".

Él no comprendió que la clave para lograr la sanidad de su matrimonio estaba en hablar sobre el aborto. Lo obligué a enfrentar esta realidad, y a largo plazo me lo agradeció. Él también tenía emociones sobre el aborto. Tan sólo estaba haciendo uso de la lógica para bloquear sus sentimientos. El asunto le estaba haciendo daño, porque él continuaba llevando su propia culpa y vergüenza, y sufriendo la pérdida causada por el aborto. Esto le hacía daño a su esposa, porque testarudamente él rehusaba permitirle a ella ventilar su tremendo dolor. Y por supuesto, esta lógica le estaba haciendo daño a su matrimonio. Ambos eran personas heridas, imposibilitados de hablar honestamente sobre el trauma más significativo de sus vidas.

Cuando ambos expresaron sus emociones y lloraron juntos su pérdida, todo cambió. Por primera vez, pudieron experimentar el perdón de Dios. Sintieron que un gran peso había sido levantado de sus vidas individuales y de su matrimonio. Ambos pudieron erradicar todo resentimiento, y pudieron conectarse genuinamente a un nivel profundo. Todo esto porque el hombre decidió, con un poco de presión de mi parte, enfocarse en el problema y lidiar con el pasado.

Él intentó convencerme de que el pasado, especialmente el aborto, no era un asunto a considerar. Le hice tres preguntas: "¿Por qué estás tan insatisfecho con tu vida? ¿Por qué está tu esposa tan deprimida? ¿Por qué está tu matrimonio tan infeliz y carente de pasión?" Él no pudo responderme.

Yo le dije: "Yo sé por qué. ¡Es porque no has hablado sobre el pasado! Desde el aborto, ustedes dos no han sido los mismos. Cuando dialoguen al respecto, las cosas mejorarán".

El consejo final que le di a este hombre, el que sirvió para convencerlo de que debía lidiar con el pasado fue el siguiente: "Si amas a tu esposa, permite que exprese sus emociones sobre el pasado". Le dije que las mujeres deben hablar sobre aquellas cosas que le han sucedido, especialmente las que le han causado dolor. Ella necesita evaluar el impacto de las mismas sobre su vida. Ella necesita ventilar sus emociones, o se acumularán dentro de ella causando daños emocionales y físicos.

Este hombre sí amaba a su esposa y no deseaba hacerle daño. Se obligó a sí mismo a escucharla hablar sobre el pasado. Archivó el uso de su lógica, y por fin logró tener una esposa feliz y un mejor matrimonio.

Yo continué explicándole que si uno elimina el pasado de sus temas de conversación, ¡no habrá mucho de qué hablar! Ciertamente hay más temas serios que necesitan ser expresados verbalmente, pero también amerita que se expresen otros eventos pasados. Debemos entender que no se puede hablar sobre el presente, porque el mismo está ocurriendo. No se puede hablar con demasiada profundidad sobre el futuro, porque aún no ha llegado. ¡El noventa y nueve por ciento de las conversaciones íntimas y profundas, son sobre el pasado!

Cuando lo haces correctamente, ambos compañeros comparten lo que piensan que sucedió. Comparten sus emociones. Comparten sus motivaciones. Comparten su perspectiva particular sobre los eventos. Cómo los está guiando Dios a través del evento. Qué cosas pueden aprender el uno del otro por causa de lo sucedido. Las parejas que dialogan así sobre el pasado, son las parejas que logran experimentar intimidad.

Las emociones no significan control

La tercera razón por la cual los hombres evaden las emociones de la mujer es que desesperadamente necesitamos mantenernos alejados de nuestras propias emociones. Nos sentimos extremadamente incómodos con las emociones personales,

---

especialmente las dolorosas. Cuando este tipo de emociones profundas comienza a surgir dentro de nosotros, nos sentimos desnudos. Sin protección. Nos sentimos expuestos. Pensamos que perderemos por completo el control, y que nuestro fin será igual al de unos chismosos y patéticos eunucos.

Hemos notado que nuestros sentimientos más profundos tienden a manifestarse cuando la mujer está expresando los suyos. Si verdaderamente escuchamos, e intentamos comprender, ¿sabes qué sucederá? ¡Nosotros también experimentaremos las mismas emociones y sentimientos! Comenzaremos a sentir. Y eso es lo que no queremos. Es necesario detenerla, y pronto. La lógica logrará nuestro cometido. Y nosotros preferimos que en lugar de manifestar sus emociones, ella sienta rabia contra nosotros por usar la lógica. Esto la distrae e impide que nos conectemos con nuestras propias emociones. No será una noche muy agradable, pero cualquier cosa es mejor que perder el control y convertirnos en seres emocionales. Debemos mantener dureza exterior y demostrarle a ella absolutamente nada. Ella intentará pegarle con su palanca a nuestro duro caparazón de ostra, pero no conseguirá entrar.

Hombres, ya es hora de que soltemos la actuación del tipo rudo. Con ser rudo nada lograremos. Y tampoco lograrás sacarle mucho provecho a tu matrimonio. Y eso te lo aseguro. No puede haber intimidad alguna, cuando persistes en esconderte detrás de tu pared, detrás de tu duro caparazón de ostra.

Hay ciertas cosas que podrás lograr con tu actitud de dureza. Soledad, un matrimonio rancio y una muerte prematura. ¿Crees que estoy bromeando? Échale un vistazo a Humphrey Bogart y a John Wayne. Dos verdaderos tipos rudos, en las películas y en la vida real. Sencillamente lee sus historias. Anda, hazlo. Fama. Dinero. Poder. Matrimonios rotos. Hijos no atendidos. Desdicha. Adicciones. Muerte prematura. Nada agradable, ¿cierto? De hecho, increíblemente deprimente. "Bogie" y el "Duke", ambos eran alcohólicos y adictos a la nicotina. Ambos murieron de cáncer. Ambos se mataron a sí mismo por medio de la dureza. Pero sabes una cosa, eran hombres rudos. Eso sí hay que reconocerlo. "Bogie" y el "Duke" eran rudos.

Queridos hombres, si permanecen siendo rudos, no podrán deshacerse de sus sentimientos. Los mismos permanecen y crean úlceras en lo más profundo. Es necesario soltarlos. Deben ir a algún sitio. Y lo harán. Irán camino a algún tipo de adicción. No digo que quizás ocurra. Te garantizo que así mismo ocurrirá. He aquí la siguiente lista. Escoge entre todos el que más te guste.

Fumar
Beber
Drogas
Sexo
Trabajo
Juegos de azar
Comer
Deportes

¿Verdad que no es necesario que escojas? Las probabilidades son grandes a favor de que ya sufres de una de estas ahora mismo. O, muy posiblemente estés camino a desarrollar una. Cualquiera de estas adicciones te hará daño a ti y a tu matrimonio. No deseas ser un adicto, pero lo cierto es que tus sentimientos atiborrados deben ir hacia algún lado.

Yo sé de lo que estoy hablando. Fui uno que invertí demasiados años de mi matrimonio escondiendo mis sentimientos y emociones de mi esposa Sandy.

En el año 1982, mientras cursaba estudios en el Dallas Seminario, pasé por un período de mucha tensión. Mis planes eran llegar a ser un psicólogo cristiano. Por lo menos esos eran los planes. Sandy y yo ambos trabajamos arduamente con tal de lograr tal meta. Hasta que, tuve mi primer encuentro con

---

terapias de grupo —como capellán/asesor, y no como paciente. El dolor y la miseria que escuché al estar expuesto a aquellos grupos me afectaron tanto que comencé a cuestionar seriamente mi carrera como psicólogo. Comencé a considerar el ministerio de jóvenes. Hasta llegué a concertar varias citas con profesores del seminario para dialogar sobre mi futuro. Durante esta etapa jugué al tipo rudo, y no le dije nada a Sandy.

Me estaba volviendo loco por causa de la tensión. No estaba durmiendo bien. Y hasta comencé a sufrir palpitaciones cardíacas. Sandy se percató de que las cosas no andaban bien, y me preguntaba qué era lo que sucedía. ¿Y sabes qué le respondí? Así es, "Nada". Mi deseo era resolverlo por mi propia cuenta.

Finalmente, reconocí que tenía que hablar con Sandy. Tuve que arriesgar el ser vulnerable y demostrarle mis más profundos sentimientos. Después de todo, ella era (y es) mi mejor amiga. Dialogamos y compartí con ella mis sentimientos. Mis temores. Mis tensiones. Mi confusión.

Y qué bien me sentí. Pude dormir bien nuevamente. Mi nivel de tensión y mi corazón regresaron a la normalidad. Y mi relación matrimonial mejoró. Sandy y yo nos acercamos el uno al otro como nunca antes. Además de esto, después que nos conectamos emocionalmente, ella me dio seguridad de su amor, apoyo, y su opinión objetiva. Fue algo similar a lo que sigue: "Si deseas ser un pastor de jóvenes, hazlo, pero creo que estás loco. Ese no es tu don espiritual. Servirías mejor al Señor como psicólogo cristiano". Y como en tantas ocasiones, Sandy tenía toda la razón.

Puedes continuar siendo duro con todos a tu alrededor; clientes, compañeros de trabajo, vecinos, familia y amigos. No hay nada malo en ser duro, fuerte y lógico. Hay un momento y un lugar para todo. En una crisis o en alguna otra situación donde hace falta un líder, estas cualidades son muy provechosas. Pero no lo hagas con tu querida esposa, con tu mejor amiga, con tu amante. Con ella, necesitas echar a un lado al papel del tipo rudo. Sé honesto, sé real, procura abrirte a las emociones y sentimientos (los tuyos y los de ella), en tu conversación personal con ella. No te arrepentirás.

Los resultados de la lógica

Bajo el impulso de estas tres razones, el hombre intenta alimentar lógica por la fuerza a su esposa.

Las cuatro respuestas lógicas descritas en el capítulo catorce, son intentos por parte del hombre de apagar la reacción emocional de la mujer, y llevarla a que se una a él en el nivel lógico. Pero la mujer no puede repentinamente desplazarse hacia el nivel emocional. Ella ha sido creada para responder de forma emocional primero. (Hay algunas mujeres que primero responden con lógica, pero no son muchas).

Eventualmente, ella usará la lógica. Pero no será al momento. Así que la conversación se verá limitada. No se puede llegar a un nivel de profundidad. La conversación se convierte en una lucha de poderes. El hombre intenta que la mujer piense lógicamente, y ella se expresa de manera más sentimental aun, y finalmente, la conversación llega a una calle sin salida. El hombre termina sintiéndose frustrado: "¡Mujer! A ti no hay quien te entienda". La mujer termina sintiéndose rechazada e incomprendida: "¡Hombres! ¡Qué montón de patanes!"

Y como resultado: Sin quererlo el hombre crea un lío.

El hombre tiene que hacer
lo que el hombre tiene que hacer

Escúchenme, hombres. La mujer tiene que tolerar el que abordemos el tren. Lo menos que podemos hacer es aprender a escucharla, y ayudarla a sentirse comprendida cuando se siente sentimental. Lo justo es justo.

Si la mujer no se siente comprendida, tienes en tus manos un gran problema. Ella se sentirá rechazada. O te presionará con tal de conseguir de tu parte una respuesta, o se alejará de ti. Se convertirá en la Gran Dama del Machaque, o en la Reina Fría. De todas maneras, eres tú quien sales perdiendo. Pero si la mujer se siente comprendida, muchas cosas buenas ocurrirán en la conversación. Ella se sentirá amada por ti. Te permitirá usar el tren, y estará lista para conversar cuando regreses.

También, al prestarle atención, comienzas tu viaje en tren. Comienzas, allí mismo en la plataforma, a ponerte en contacto con tus sentimientos y emociones. Vas a necesitar más tiempo para identificar y producir tus sentimientos, pero, puedes comenzar el proceso cuando ella esté hablando y expresando sus sentimientos, ya que necesitas a la mujer para activar las tuyas. Dios la creó para que visite una y otra vez los eventos de manera emocional, para que aprendas de una vez por todas y puedas conectarte con tus propios sentimientos. ¡Esto es lo que Dios desea que ocurra allí en la plataforma, en la estación del tren! Es parte de Su plan para la comunicación entre miembros del sexo opuesto. Y Su plan, siempre ha sido el mejor de todos.

Dieciséis

Es mejor prevenir que lamentar

Todo hombre tiene una mente uní-direccional. (No estoy hablando del sexo). Me refiero a la tendencia de todo hombre de creer que él es conocedor de la verdad en cada situación de la vida. Él ha meditado sobre la situación. Él ha considerado todas las opciones. Él ha aplicado su lógica objetivamente. Él ha procesado cuidadosamente todos los hechos disponibles. Por lo tanto, procede que la suya, es la mejor conclusión. Él está en lo cierto, y tú, la mujer, estás equivocada.

Su deseo no es que te sientas ofendida. Él no está siendo motivado por el egoísmo o la malicia. En realidad, él cree que ha hallado la verdad. Por cuenta propia, y sin la ayuda de nadie, él ha llegado a la única conclusión que tiene sentido alguno bajo tales circunstancias. Su versión respecto a cierto evento debe ser la correcta. Sencillamente, debe serlo.

Por naturaleza, la mente de la mujer es bi-direccional. Ella puede tomar en consideración no tan sólo su propia versión sobre una situación en particular, sino también la versión del hombre. Ella puede aceptar lo que el hombre está diciendo, y de alguna manera intenta reconciliar la verdad del hombre con la suya propia. Ella puede con mayor facilidad, llegar a un acuerdo, negociar el asunto y hallar un término medio.

Por naturaleza, el hombre solamente considera lo que él piensa y siente. Su posición, la cual ha trabajado arduamente por desarrollar, es la única posición que se puede tener. Él no ve la necesidad de un término medio. Sin intención alguna por ofender, pero él se ve a sí mismo y la posición que mantiene como ocupando el terreno más alto.

"He aquí las tablas de piedra, querida"

Cuando un hombre baja de la montaña y le entrega su decisión a su esposa en tablas de piedra, él espera realmente que ella la acepte sin crítica alguna. De hecho, él piensa que ella debería estar agradecida. Él le ha dado la verdad. "Oh, muchas gracias, gran Gurú, por estas tablas en las cuales está grabada la máxima Verdad".

Cuando la mujer intenta compartir su punto de vista y sus sentimientos sobre alguna situación, él se ofende. En su manera de ver las cosas, su punto de vista es innecesario. Ya él le ha hecho entrega del único punto de vista verdadero. ¿O es que ella no lo puede entender así?

Cierto hombre se encontraba sentado en un sofá junto a su esposa, en mi oficina. (En mi oficina, los clientes usualmente se sientan en el sofá, en lugar de acostarse sobre el mismo). Me dijo en tono autoritario: "Yo amo a mi esposa. Por supuesto que la amo. Si yo digo que así es, pues así es".

Yo le respondí: "Eso es lo que tú dices. Gracias por compartirlo. Pero vamos a ver qué dice tu esposa".

Su esposa dijo: "No me siento amada por ti, Harry. Hace tres años que no me siento amada".

Yo le dije a Harry: "Harry, escúchala. Si ella te dice que no la amas, entonces, no la amas. Debes usar la definición de ella, y no la tuya".

Harry se opuso con vehemencia, pero a la larga reconoció que tenía que usar la definición de su esposa sobre el amor. Él pensó honestamente que la estaba amando, pero estaba honestamente equivocado. Debido a que ella es el objeto de su amor, es ella la que debe saber si está siendo amada o no. ¿Cierto? Cierto. Le expliqué a Harry que, de ahora en adelante, él necesitaba preguntarle a su esposa regularmente si se siente amada. Él necesitaba preguntarle a su esposa regularmente, si sus necesidades estaban siendo suplidas. Sus respuestas a tales preguntas sería su guía.

Tuve otra pareja en mi oficina, y en la sesión con ellos la semana previa, ambos hicieron mención de una importante decisión la cual debían tomar en las próximas semanas. Durante la presente sesión, el hombre dio a conocer su decisión personal sobre el asunto —su verdad en tablas de piedra. Mientras hablaba, era bastante obvio que no había consultado a su esposa para nada durante todo el proceso de llegar a una decisión final. Por cuenta propia, él deliberó cuidadosamente y produjo lo que él creía era el mejor plan. Un clásico ejemplo del pensar masculino.

¿Y qué fue lo que le dije? Le dije: "Eso es lo que tú dices. Y está muy bien. Gracias por compartirlo. Pero vamos a ver qué es lo que dice tu esposa". Por supuesto, ella se sentía herida y enojada, porque él no consideró su opinión al tomar la decisión.

Ella dijo: "Pete, involúcrame en la decisión, por favor. ¿Soy acaso tu esposa, o el ama de llaves? ¿No necesitas mi punto de vista, mi opinión sobre este asunto?"

Pete, al igual que la mayoría de los esposos, no se percató que estaba eliminando a su esposa vez tras vez de la ecuación conversacional. Su inhabilidad de considerar la opinión de su esposa, era un inmenso obstáculo conversacional en su relación.

Hombres, cuando ustedes obstaculizan la conversación y el diálogo, están obstaculizando el matrimonio. Está bien tener tu propia perspectiva sobre algún asunto. Está bien hacer uso de la lógica para formar tu propia opinión. Simplemente, no vayas a pensar que tu opinión es la única y la mejor. La misma tan sólo representa la mitad de la ecuación. Estás casado. ¿Recuerdas a esa hermosa dama que vive contigo? Lo que ella dice, piensa y siente en cada conversación, es tan importante como lo es tu posición personal.

Las conversaciones masculino-femenino son asuntos muy frágiles. Cuando una conversación comienza, la misma está recién nacida, y casi viva. Es igual a esas pequeñas tortugas marinas que acaban de salir del carapacho en la arena de una playa, y ahora deben arrastrarse unas treinta o cuarenta yardas para llegar al mar, sin protección alguna. Es el momento más peligroso y arriesgado en la vida de una tortuga. Si tan sólo lograra llegar al agua sin ser consumidos por depredadores, sus posibilidades de sobrevivir aumentarían. Y aun después de haber llegado al agua, la tortuga tendrá que enfrentarse a otra multitud de depredadores y peligros que atentan contra su vida.

Estas tortugas, al igual que las demás tortugas marinas, son una especie que está en peligro de extinción. Al nacer, son increíblemente vulnerables. Y continúan siendo vulnerables a lo largo de sus vidas (lo cual, si recuerdan el Capítulo Catorce, debe durar por lo menos varios días). ¡Ten cuidado! ¡No tomes riesgos innecesarios! Procura dar pasos seguros, y en el transcurro de una conversación, aprende a alimentar cada conversación cuidadosamente. Permite que la misma crezca y se desarrolle.

A continuación encontrarás algunas directrices las cuales te ayudarán a alcanzar, sin muchos peligros, un nivel de conversación más profundo. Si hay cooperación entre ambos, podrán disfrutar de muchas buenas conversaciones. Les ofrezco dos instrucciones de precaución para el hombre y dos para la mujer.

Aprende a escuchar y a reflexionar

Cuando la mujer está hablando en la plataforma del tren, el trabajo del hombre es escuchar y reflexionar. Esta es la mejor manera, y la más segura, de comportarnos al tratar con una mujer que se encuentra en el nivel emocional. Asegúrate que ella está consciente de que la escuchas. No supongas que lo sabe. Tu comportamiento debe ser obvio. Establece y mantén el contacto visual, a menos que estés manejando un auto. Siéntate cerca a ella, y no al otro lado de la habitación. No hagas nada, aparte de escuchar. No televisión, no radio, no computadora, no periódico y no libro. No contestes el teléfono. Tú eres hombre, y no puedes hacer dos cosas a la vez. Escuchar a tu mujer no es un asunto fácil, y va a requerir toda tu concentración.

Mientras le escuchas, abre tu boca solamente para repetir y enfatizar lo que ella está diciendo. Esto es reflexionar. ¡No tienes que decir nada original! Cuando ella está hablando y expresándose, todo tiene que ver con ella. Nada tiene que ver contigo. Tú puedes compartir lo tuyo —opiniones, reacciones y pensamientos— después. Si te adelantas e interrumpes su original presentación, no habrá un después.

Algunos hombres me dicen: "Pero Dave, no tengo buena memoria". A estos hombres les digo que usen la libreta de anotaciones (Ver otra vez el Capítulo Cinco). Mientras ella esté hablando, escribe lo que te venga a la mente. Pero por favor, no lo menciones en voz alta.

Hombres, su meta debe ser crear comprensión. Esta es una calle de dos vías. Debes comprender lo que ella está diciendo y sintiendo. También, ella debe creer que la comprendes, por la manera como se lo comunicas al mencionarle ciertas palabras y frases clave, que ella ha estado usando durante la conversación. Debes concentrarte no tan sólo en el contenido —lo que ella está diciendo, sino en las emociones— *lo que ella está sintiendo*. Retroalimentarla con estos pequeños detalles de contenido y emoción, servirá para mantener la conversación fluyendo. Ella sabrá que realmente estás de su parte, y podrá expresarse con mayor profundidad y, cuando llegue el momento en que debes abordar el tren, ella te dejará ir con amabilidad.

Espero que estés captando el mensaje: sencillamente, no debes escucharla en completo silencio. Eso sería el beso mortal. Cuando escuchas en silencio, ella pensará que no le haces caso. ¿Y sabes lo que hará? ¡Hablará aun más! ¡De por sí ya habla lo suficiente! Y no creo que anheles más palabras ¿cierto? La mujer continuará repitiendo lo que dice hasta que ella crea que lo has escuchado y entendido. Si eres como yo, odias en extremo cuando la mujer repite una y otra vez los detalles de un mismo evento. Digo, ¿no será una vez suficiente? *Una vez no será lo suficiente, si es que ella no está segura de que la has entendido.*

Ahórrate el ser enterrado en un desprendimiento masivo de repetidos detalles. Una mujer hablará lo suficiente y usará numerosos detalles la primera vez que hace mención de algún asunto. Así son ellas. Pero créanme, que ustedes pueden reducir de manera significativa su abundancia de detalles con tan sólo escuchar y reflexionar activamente. En realidad puedes controlar, en cierto grado, cuánto tiempo ella habla y cuántas veces se repite a sí misma.

Esto no es tan sólo buena comunicación, es sobrevivencia. Si eres uno que escuchas pasivamente y en silencio, y no le respondes en reflexión a la mujer, ella traspasará el límite de detalles que personalmente puedes tolerar. Cuando esto suceda, tu cerebro registrará que está "lleno a capacidad" y dejarás de escuchar. Y cuando ella se percate, pobre de ti.

Si sabes escuchar y reflexionar con inteligencia, aprenderás a verificar con la mujer con el fin de estar seguro de que ella siente que la comprendes. Mientras ella habla, pregúntale en intervalos regulares: "¿Sientes que estoy contigo? ¿Crees que hay algo que no estoy captando?" Y cuando ella termine la parte de la conversación que le corresponde, vuelve a preguntarle: "¿Te sientes comprendida?"

Si no estás seguro de algo que ella haya expresado, pídele que te lo aclare. Si no estás seguro de las emociones que está sintiendo, pregúntale cuáles son. Continúa escuchando y reflexionando y aclarando hasta que la mujer se sienta comprendida. Entonces, habrás cumplido con la labor que te corresponde. El viaje en tren, el cual ha comenzado desde el momento en que comenzaste a escucharla atentamente, lo podrás ahora completar por ti solo.

Permíteme ilustrar lo que sería un mal ejemplo de escuchar y reflexionar. Por cuatro maravillosos años fui dueño de un "station wagon" marca Volvo. Era el auto de mis sueños. Siempre me han gustado los Volvos. Máquinas grandes, poderosas, bien construidas e increíblemente seguras. Hasta me gustaba su apariencia rectangular poco usual. A Sandy, sin embargo, nunca le han gustado los Volvos. Creo que el comentario que hizo mientras buscábamos comprar un "station wagon" fue: "El Volvo no es otra cosa que una gran caja fea". Pero de alguna manera, quizás fue a través de un estilo de vida santo, y la gracia de Dios, logré mi deseo.

Era un gran auto. Seguro, confiable, y veloz. En el asiento trasero había suficiente espacio para las tres niñas. La vida era buena. Un hombre y su máquina, viviendo en armonía y seguridad.

Pero de pronto, todo cambió. Sandy salió embarazada, inesperadamente, de nuestro cuarto hijo. Está bien, admito que fue bastante inesperado. Ella me hizo saber que el Volvo debía desaparecer, ya que no había suficiente espacio para el Número Cuatro. Me sentí destruido. Me sentí traicionado. Intenté discutir el asunto, pero es difícil ganar un argumento con una mujer en su sexto mes de embarazo, en la ciudad de Augusta, Florida. Por fin estuve de acuerdo en vender mi Volvo y comprar otro auto.

Mi estado depresivo cesó cuando reconocí que ahora podría comprar el verdadero auto de mis sueños. Los Volvos son maravillosos, pero yo siempre anhelé poseer un Suburban. El máximo auto masculino. Un tanque de auto, inmenso e indestructible. Un bocinazo de auto tan grande como Godzila. Me convertiría en el dueño de las carreteras. Manejando este auto, me comería a los autos más pequeños de desayuno.

No le dije nada a Sandy, ya que ella especificó que deseaba un minibus. ¡Oh, no! ¡Un mini-bus no, por favor! ¡Ese es un auto para las mujeres! ¡Ni tan siquiera es un verdadero bus! Ella me dio esa "mirada", y dijo que como yo era quien había escogido el Volvo, ella debería escoger nuestro próximo auto. El enfrentamiento por fin llegó cierta noche en nuestra habitación, cuando me atreví a decirle que mi deseo era comprar un Suburban. Tan pronto como escuchó la palabra Suburban, Sandy reaccionó con gran intensidad emocional. Y dijo: "¡No! ¡Odio los Suburbans! ¡Son camiones!"

Inmediatamente reaccioné y le dije que un Suburban no es un camión, a pesar de que yo sabía que sí lo era. Comencé a parlotear con precisión lógica sobre todos los maravillosos distintivos del Suburban. Sandy se sintió no comprendida, enojada y disgustada. No tuvimos una buena conversación.

Mi error, aparte de atreverme a mencionar el Suburban fue, no reflexionar. Cuando Sandy reaccionó emocionalmente, mi tarea debió haber sido colocarme en la posición de uno que escucha y reflexiona. De esta manera, ella se hubiera calmado con el tiempo, y hubiésemos podido tener una conversación adecuada.

Técnicamente hablando, debido a que fui yo quien comenzó la conversación, debió haber sido Sandy la que reflexionó. No me preocupé por hacérselo saber. Cuando una mujer asume la posición de aceleración emocional, el hombre debe asumir inmediatamente la posición de uno que reflexiona.

De hecho, ¿podrías adivinar cuál auto compramos por fin? Conoces muy bien la respuesta, ¿cierto? Compramos el minibus, por supuesto. Debo admitir que he aprendido a quererlo.

Hazle saber a ella cuando comienzas a sentirte agobiado o confundido

Hombres, ustedes habrán notado que no dije *si* comienzas a sentirte agobiado o confundido, más bien dije *cuando*. Es muy común que el hombre experimente un cortocircuito cerebral cuando la mujer está hablando. Ella usa demasiadas palabras, y si eso no fuese reto suficiente, ella produce un estampido sónico de intensidad.

Hay ocasiones cuando sencillamente no puedes procesar todas sus palabras. Tu mente masculina no puede mantenerse a la par con ella. Es similar a un luchador Sumo que intenta perseguir a un veloz corredor de categoría mundial. "Excúsame querida, pero dejé de entender lo que estabas diciendo en el párrafo tres, oración seis". Si la cantidad de palabras que usa no te afecta, lo hará su nivel de intensidad. La intensidad de una mujer tiene la capacidad de derretir la mente de cualquier hombre. Él levantará sus escudos defensivos automáticamente, se apagará, y perderá su habilidad de escuchar.

Hombres, cuando se encuentren perdidos durante una conversación con una mujer, es sumamente importante que se lo informen de inmediato. Nunca —y repito nunca— intentes fingir. No te va a funcionar. No terminarás siendo el héroe. Todo lo contrario. En el momento preciso cuando te sientas agobiado o confundido, interrúmpela y dile que estás perdido. Puedes decirle algo así como: "Querida, me confundes. Perdí el hilo de lo que estabas diciendo. Vamos a comenzar de nuevo. Deseo entender lo que estás diciendo".

Tienes a tu disposición un pequeño espacio de ventaja, desde el momento en que te sientes perdido, hasta el momento cuando ella se percata de que estás perdido. Mi investigación demuestra que tienes 1.4 segundos. Si no aprovechas este espacio de tiempo para hacérselo saber, ella te sorprenderá pensando en nada (¿recuerdas el Capítulo Nueve?) Ella podrá captar en tus ojos esa mirada de perdido en el espacio, y te dirá: "¿Me estás escuchando?" Y tú dirás: "Seguro que sí. ¿Acaso no estoy aquí a tu lado?" Y entonces ella te hará la pregunta que traspasará tu alma, y te hará quedar al descubierto como un mentiroso que no escucha a su esposa: "¿Y qué fue lo que acabé de decir?"

El olor a pan quemado inundará la habitación. Habrás activado el efecto dominó. No, no tiene nada que ver con la marca de pizza que comes. Sí tiene que ver con el rápido número de problemas que resultarán, uno después del otro. Problema Número Uno, no estabas escuchando. Problema Número Dos, mintió al respecto. Problema Número Tres, se acabó la conversación. Cuatro, la mujer está enojada y herida. Cinco, estás en una posición de recibir graves daños. Y así, uno tras otro.

Ella no se sentirá feliz cuando la interrumpas para decirle que estás perdido, pero por lo menos ella sabe que estás tratando de comprenderla. Su irritación inicial pronto pasará, y no le importará tener que repetir lo que ya ha dicho. Así es su vida. ¡Eso es lo que ella hace!

Pide que se te escuche

Queridas damas, permítanme compartir con ustedes algunas breves palabras.

Primero, es importante que le hagan saber al hombre lo que ustedes necesitan, y que lo hagan con claridad y al principio. Esto es especialmente importante cuando ambos estén aprendiendo juntos estas destrezas de comunicación. Se obtienen mejores resultados de un hombre cuando éste ha recibido instrucciones, y conoce lo que se espera de él. No supongas que él lo sabe. No albergues la esperanza de que te va a escuchar. ¡El riesgo es demasiado alto! Antes de que comiences a hablar, pídele que te escuche. ¡Envíale el mensaje en forma de telegrama! Sencillamente pídelo. "Querido, tengo un asunto personal/difícil y doloroso que deseo discutir contigo. Por favor, sólo escúchame y hazme sentir que me comprendes".

Señoras, también es una buena idea el asegurarse que el hombre se encuentra en el estado óptimo para escuchar. Si comienzas a hablar cuando él se encuentra ocupado o distraído en cualquier otra actividad, sería como caminar sobre un campo minado. Estarías exponiéndote al fracaso, y la culpa sería toda tuya. Tengo clientes femeninas que me cuentan sobre cómo sus esposos no les pueden prestar atención, si es que hay alguna otra cosa sucediendo en el área inmediata: "Por supuesto que tu esposo no te puede escuchar. Es un hombre. Si decides hablarle cuando él esté haciendo alguna otra cosa, lo haces a riesgo personal".

Los hombres son criaturas que se distraen con facilidad. No se requiere mucho para que un hombre cambie su enfoque de atención. Si estás hablando y los Bravos de Atlanta anotan una carrera, el hombre va a mirar hacia el televisor.

Así que, no compitas contra otras actividades, porque vas a salir perdiendo. Pídele al hombre que cese la actividad en la que está involucrado. Le podrías decir: "Bob, me gustaría hablar contigo sobre algo, y necesito toda tu atención. Así que, cuando estés listo para escucharme, deja de hacer lo que estás haciendo y procúrame".

Hazle saber cuando está siendo demasiado lógico

Escucha, nadie es perfecto, y un hombre cometerá errores mientras aprende a escucharte. Uno de sus errores más común será el inclinarse constantemente hacia una respuesta lógica. Él está acostumbrado a responderte de esta manera, y por lo tanto lo hará varias veces.

Cuando lo haga, debes interrumpirlo y regresa a lo que estabas diciendo. No le hagas caso omiso, porque si lo haces tu nivel de resentimiento aumentará. Además, hasta sin quererlo, él le habrá dado fin de manera efectiva a la conversación. Por lo tanto, dile: "Querido, esa es una respuesta lógica, y lo que necesito es que me escuches en este momento". Si él asume una postura defensiva, entonces toma un breve descanso de cinco o diez minutos. Y luego comienza de nuevo la conversación.

Es una buena idea hacer uso de este método de parar y volver a comenzar cada vez que la conversación toma un giro equivocado, sin importar cuál sea la razón. Cualquiera de los dos pueden solicitar un tiempo de descanso, toman cinco o diez minutos por separado, y luego regresan al tema.

Cuando el hombre habla primero

Me he concentrado en las conversaciones donde es la mujer quien inicia la conversación, debido a que es la mujer quien inicia más conversaciones que el hombre. Y probablemente siempre lo hará. No hay nada de malo en ello. Sencillamente así son las cosas.

Hay ocasiones cuando es el hombre quien inicia la conversación. Es algo, señoras que podría ocurrir en algún momento de su existencia. Debo decirles que los milagros sí suceden. Pensemos positivamente. Si un hombre hace uso de su libreta de anotaciones, existen las probabilidades de que pueda comenzar una mayor cantidad de conversaciones. A continuación hallarás algunas directrices en caso de que tal cosa suceda.

- Permítele ser lógico. Debido a que es hombre, él siempre comenzará haciendo uso de la lógica. (Esto no debe sorprenderte en gran manera). Es muy posible que te cause aburrimiento. Podría ser difícil tener que escucharlo. Pero hazlo, de todas maneras.
- Controla tu deseo de arrastrarlo rápidamente hacia el nivel emocional. No digas cosas como: "¿Pero cómo es que te sientes, Bob? ¿Qué está sucediendo dentro de ti?" Estarías comportándote como una palanca.
- Escucha, reflexiona y ayúdalo a sentirse comprendido. Esa es tu tarea. Si él logra sentirse comprendido, habrán mayores posibilidades de que más adelante él profundice durante la conversación. Toma tu tiempo. Recuerda que una conversación se irá desarrollando lentamente sobre un período de varios días.
- Cuando él sienta que lo comprendes, entonces tendrás tu oportunidad para hablar. Este es el momento cuando

puedes expresarte emocionalmente. Si sigues mi plan, él escuchará y reflexionará contigo. En el momento debido, haciendo uso del tren, él podrá expresarse emocionalmente contigo.

• La guía básica que acostumbro seguir es que: El que comienza la conversación es quien elige el nivel inicial. Si es el hombre quien comienza, esto significa que la lógica irá en primer lugar. Si es la mujer quien comienza, quiere decir que la emoción irá primero. (Si ustedes los hombres desean mayores oportunidades para ejercer la lógica, entonces deben comenzar más conversaciones).

En cualquier conversión buena, una pareja experimentará ambos niveles —lógica y emoción— a su debido tiempo. La lógica es importante. Las decisiones, los negocios y los acuerdos se logran cuando ambos compañeros se encuentran en el nivel lógico.

La emoción también es importante. Me he concentrado en el aspecto de la emoción debido a que la verdadera profundidad e intimidad se logran tan sólo cuando ambos cónyuges se encuentran en el nivel emocional.

Diecisiete

Mamá y Papá en el rancho

Un hombre y una mujer se conocen, comienzan a salir juntos, se enamoran y se casan. Hasta aquí todo va bien. Su amor es intensamente apasionado. Ambos se sienten cercanos el uno al otro. Pasan bastante tiempo juntos. Las horas pasan inadvertidas, y nunca se cansan de estar juntos. Hablan hora tras hora sobre todo tipo de temas. Las palabras fluyen con naturalidad y fluidez. El hombre y la mujer disfrutan de una relación física, vibrante e intensa. Ambos disfrutan tocarse y besarse con frecuencia. Tienen relaciones sexuales a menudo, y la misma se caracteriza por ser espontánea, juguetona y plena.

Varios años después de haberse casado, las cosas comienzan a cambiar. No todas a la vez. Ambos se van distanciando el uno del otro de una forma lenta y gradual. Día tras día, semana tras semana, la pasión que sentían se va secando. Procurando saciar sus necesidades, ambos comienzan a buscar fuera de la relación.

Ella lee novelas de romance, limpia la casa más de lo necesario, y se involucra demasiado en la vida de los niños. Si trabaja fuera del hogar, puede ser que se concentre en su carrera y que invierta demasiadas horas sirviendo como voluntaria en las actividades de la iglesia. Es posible que logre tener varias amistades cercanas (femeninas), y que comparta con ellas más información personal que la que comparte con su esposo.

Él trabaja largas horas, y piensa sobre el trabajo aun cuando se encuentra en casa. Invierte largas horas viendo deportes por televisión. Es posible que salga a jugar golf los fines de semana o que se involucre en algún otro pasatiempo. Pasa horas jugando en su computadora. Es posible que comience a coquetear con algunas mujeres en su oficina, y hasta comience a caer en un patrón de lujuria mental.

Ambos pasan muy poco tiempo juntos. De hecho, ambos se evitan. Sus conversaciones son torpes y artificiales. Aparentemente existen muchos obstáculos que impiden la intimidad física y emocional. Lo que solía ser algo fácil, ahora es difícil y doloroso. No saben qué decirse mutuamente.

Por supuesto que se aman. El amor que se tienen es el tipo de amor que se preocupa por el otro, que es atento, como el amor que existe entre hermano y hermana o entre compañeros de habitación. Ya no hay fuego. Hasta la chimenea ha desaparecido. Lentamente se están matando de aburrimiento el uno al otro. Por las noches, él ve la televisión en la sala, mientras que ella lee en su habitación, o habla por teléfono. En realidad ya ni se hablan, sólo hablan sobre los niños, la casa los negocios. Aún tienen relaciones sexuales, pero no tan a menudo ni tan emocionante. El sexo es tan sólo un breve ejercicio con el fin de satisfacer un deseo biológico. El toque tierno y verdadero, es casi inexistente.

¿Suena un tanto familiar? Son muchas las parejas que pueden ser medidas por este triste panorama. Si es cierto que aún permanecen juntos, y eso es muy bueno, pero no están felices de estarlo.

Ustedes solían darse emocionantes besos mojados y sonados. Ahora, sólo comparten secos y breves toques, por parte de dos personas que lo hacen por pura costumbre. Han ido del amor pasional a un amor aburrido y rancio; de estar locamente enamorados a la vida del viejo Papá y Mamá en el rancho. Su relación es tan emocionante como el mecerse juntos en el balcón de su rancho, mientras observan la hierba crecer.

Muchos de los llamados expertos dicen que, mientras vamos envejeciendo, nuestro amor se va calmando y madura. Trascendemos de la pasión que experimentamos al principio de la relación, y nos acomodamos en una relación amorosa estable y segura. A mí eso no me suena muy divertido. Ante tal aseveración, mi respuesta es "¡Tonterías!" Yo no sé usted, pero mi deseo es que mi vida amorosa sea más que estable y segura. A mí no me suena como que es muy divertido. Mi deseo es que mi vida amorosa con Sandy sea apasionada. Que sea viva. Quiero que sea intensa.

No estoy sugiriendo que podemos tener pasión ciento por ciento de las veces. ¡Francamente, nadie tiene tanta energía! Lo que sugiero es —no, lo que te estoy diciendo— es que podemos disfrutar de la pasión regularmente. La pasión es un aspecto importante de cada gran relación. Si no tienes pasión en tu matrimonio, no tienes nada. ¡Nada! En realidad no tienes un matrimonio. (No sé cómo lo llamas, pero no es un matrimonio de acuerdo a la definición que nos da Dios mismo). Tan sólo están viviendo juntos. Decir que tan sólo existen juntos, se acercaría más a la realidad. Son compañeros de negocio. Padres. Dos personas atadas legalmente, pero no atadas en ninguna otra manera. ¿Es esto lo que tenían en mente cuando se casaron? Lo dudo.

Existe una manera mejor. Al estilo de Dios. Y la misma involucra la pasión. Lee el Cantar de Cantares de Salomón, y podrás apreciar cuál es la idea que tiene Dios respecto al verdadero matrimonio. Salomón y la sulamita estaban locos el uno por el otro. ¡La pasión se desborda en cada página de este libro! Dios no haría de la pasión un aspecto tan primordial de este libro, si no pudiésemos disfrutarlo también nosotros en nuestros matrimonios. ¡Él no jugaría con nosotros de tal manera! Cada pareja de casados puede obtener y mantener el mismo tipo de pasión que hervía entre Salomón y su esposa.

Esto es exactamente lo que Dios desea para ti y para tu esposa. Y yo te voy a enseñar cómo lograrlo. Lo cierto es que oro para que sea Dios quien te enseñe. Yo tan sólo soy el mensajero.

La muerte de la pasión

¿Cuál es la causa de la muerte del amor pasional? ¿Por qué razón nos ocurre esto a la mayoría de nosotros, entre cuatro y diez años después de haber formalizado la relación? Hay una razón principal: Dejamos de hacer aquellas cosas que son las responsables por crear el amor pasional.

Nuestra pasión inicial brota sin esfuerzo alguno. Cuando nos conocimos por primera vez, y comenzamos a salir juntos, ¡la pasión sencillamente estaba ahí! ¡Cataplún! La adquirimos al instante. Nos agarra por el cuello, y somos llevados arrastrados por la asombrosa, poderosa e intoxicante fuerza de este río. Es química. Encaprichamiento. Hormonas. Por lo menos, a principio de la relación. Nuestra relación no está conectada a los máximos centros intelectuales del cerebro. Tan siquiera por una vez, aun la lógica del hombre lo abandona. Todo viene a ser una gran reacción en cadena emocional.

Primero experimentamos los sentimientos, y éstos nos motivan a hacer cosas que son apasionadas, intensas y emocionantes.

Primero son los sentimientos, y luego el buen comportamiento. Así es como comienzan todas las relaciones de amor. Y debido a que estamos "enamorados", nos convertimos en pareja. Salimos juntos. Disfrutamos juntos de actividades divertidas. Nos reímos, jugamos y nos tocamos. Todo lo que hacemos está motivado por los sentimientos que tenemos el uno por el otro.

Cuando nuestros sentimientos originales comienzan a agotarse (no podemos ser siempre motivados por las hormonas), dejamos poco a poco el comportamiento amoroso. Y como la mayoría de nosotros, terminamos sin pasión, preguntándonos qué habrá sucedido. Preguntándonos por qué estamos tan alejados. Miramos a nuestro cónyuge, y no hay chispa alguna. No hay una reacción motivada por el palpitar del corazón y el correr de la adrenalina. Tan sólo existe un cierto cariño. Afecto. Una familiaridad al estilo de "qué gran persona eres". Está bien sentirse así respecto al tío Harvey o por la mascota favorita. ¡Pero no está bien tener tales sentimientos hacia la persona con quien nos casamos!

Es aquí donde muchas parejas se rinden. Cuando la pasión se ha acabado, piensan que es para siempre y que nunca la podrán recuperar. Y deciden terminar con la relación matrimonial. "Fue una buena relación, pero hemos llegado a la calle sin salida". Se podría decir que para ellos la relación terminó, y comienza una muerte lenta y horrible. En esta etapa la pareja hará una de dos cosas. O permanecen juntos por causa del deber, y continúan dando tumbos en un matrimonio frío y sin pasión, o se divorcian y lo intentan de nuevo con un nuevo compañero, donde a menudo se puede apreciar el mismo ciclo de comportamiento.

La respuesta de la cultura americana ante esta pérdida de pasión es el divorcio. La cultura dice: "En realidad nadie permanece casado para siempre. La vida es demasiado corta para continuar sufriendo en este matrimonio. Tan sólo tienes setenta u ochenta años para vivir. Deja el matrimonio ahora que eres lo suficientemente joven como para atraer a otra persona. Los hijos estarán bien. Le estarás haciendo daño a los niños de todas maneras al permanecer en tu matrimonio".

Millones de personas, cristianos y no cristianos, están siguiendo el consejo de la cultura. O mejor dicho, el consejo de Satanás. Es él quien está enviando este mensaje realmente.

Y esto es algo muy triste, ya que aquellos que se alejan del matrimonio cuando ya no hay más pasión, nunca logran experimentar la mejor parte. ¡Se rinden demasiado pronto! El amor real, profundo y verdadero sólo se logra después que se ha agotado la pasión inicial, después de la experiencia de la "novena nube". Entonces es cuando puedes edificar el matrimonio que Dios desea que tengas.

Y de hecho, el divorcio siempre le hace daño a los hijos, y le continúa haciendo daño. Sin duda alguna, el divorcio es el evento más devastador y traumático para los hijos. La vida continúa, y los hijos se recuperarán, pero no te dejes engañar, el daño ha sido hecho.

Constantemente vienen clientes a mi oficina que desean divorciarse. Ellos me comparten el consejo provisto por la cultura, e intentan convencerme del mismo. Se sienten un poco desilusionados cuando me dicen: "Sencillamente dejamos de amarnos", y yo les respondo: "Lo sé. Les creo. Por supuesto que sí. A todo el mundo le sucede. Pero esa no es razón suficiente para divorciarse". Sintiéndose frustrados lo intentan de nuevo: "Pero es que no comprende. Ya yo no amo a (incluya el nombre del cónyuge)". A lo que le respondo: "Lo comprendo. ¿Y? Eso no me sorprende. Uno de los dos cónyuges siempre deja de sentirse encaprichado antes que el otro. Tan sólo resulta que fue a ti a quien le ocurrió. Aún así no es suficiente razón para querer divorciarse".

Le hago saber a estos clientes que cada pareja pierde su amor original. Y hallarse en este estado es muy difícil y doloroso. Pero no es poco usual. Es universal. Entonces les digo que éste es precisamente el mejor momento para edificar un verdadero matrimonio. Un matrimonio que no esté fundamentado en el encaprichamiento, sino en el amor auténtico. En el amor genuino.

Les digo: "Hasta el momento ustedes no han tenido un matrimonio. Lo que han tenido hasta ahora es una buena carrera de encaprichamiento y hormonas. Y ahora se les acabó. Pues bien. Tienen dos opciones por delante. Pueden divorciarse y disfrutar de tres o quizá cuatro más encaprichamientos antes de que mueran, y nunca llegar a conocer el verdadero amor. O, pueden edificar una gran relación de amor con la persona con quien ahora están casado. ¿Cuál de las dos escogerán?"

A estos clientes que no sienten amor el uno por el otro les comparto la perspectiva divina: "Dios desea que permanezcan casados. Él desea que eviten el dolor y el sufrimiento que el divorcio siempre inflige sobre sus víctimas. La perspectiva de Dios es eterna. No es ochenta años y se acabó. Son ochenta años sobre la tierra, y una vida eterna en el cielo o en el infierno". Intento convencer a estos clientes de que, con la ayuda de Dios, ellos pueden fraguar un nuevo matrimonio. Hay algunos que ya han estado divorciados, y continúan buscando amor. A éstos les digo que pueden hallar amor íntimo y para siempre con su presente compañero matrimonial.

A ti te digo lo mismo que a ellos: "Tu matrimonio está muerto. Anda y entiérralo. Vamos a comenzar de nuevo, y crear un matrimonio que goce a plenitud de pasión, vida y amor".

Recuperando los sentimientos

Cuando llega ese momento en tu matrimonio, cuando se ha perdido la pasión, es necesario hacer algo revolucionario. Algo que nunca hayas hecho. Debes darle marcha atrás al proceso. Debes comenzar demostrando comportamiento amoroso, con el fin de que la pasión vuelva a la relación. No va a suceder que cierta mañana te levantas y de pronto la pasión ha regresado. Así no funciona este asunto.

Desde este momento en adelante. Tendrás que poner en primera plana el comportamiento y luego los sentimientos. Por el resto de sus vidas como pareja, tendrán que esforzarse arduamente para crear y mantener la pasión. Créanme que valdrá la pena el esfuerzo, especialmente cuando la alternativa es tan horrible. Vivir sin pasión es deprimente, agotador y vacío. Y no glorifica ni tampoco complace a Dios. Esto no es lo que Dios tenía en mente cuando diseñó el matrimonio.

Dios desea que junto con tu compañero, puedas llegar a experimentar el más profundo amor humano. ¡Y de esto es que trata el matrimonio! Si haces las cosas que debes hacer, lograrás experimentar este profundo amor junto a tu compañero. Dicho amor será más profundo y pleno, que la pasión motivada por hormonas que tuvieron al principio.

La pasión es como un fuego. Para mantenerlo, es necesario seguir añadiéndole troncos de madera. Vamos a examinar algunos troncos que seguramente añadirán vida, clase y ardor a tu relación amorosa.

Dieciocho

El amor es un sentimiento

E l amor no es un sentimiento. El amor es una decisión. Es un acto de la voluntad". ¡Si escucho este mensaje una sola vez más, creo que voy a gritar! La frase ha sido trillada. Usada demasiado. Exagerada. Y me he cansado de escucharla.

Estas palabras, las escuchan de personas bien intencionadas —pastores, autores, anfitriones de programas televisivos, teólogos, maestros de la Biblia y aun de psicólogos cristianos.

Puedo comprender por qué la usan. Es porque hay demasiados divorcios hoy en día fundamentados sobre las emociones. Uno de los cónyuges ya no se "siente" enamorado, y decide terminar el matrimonio. Estos líderes y comentaristas cristianos intentan pelear en contra de esta ola de divorcios motivados por los sentimientos. Y es por esta razón que dice en tono usualmente solemne: "No puedes confiar en tus emociones. Los sentimientos vienen y van. El amor no tiene nada que ver con los sentimientos. No es nada más que una decisión. Puedes decidir permanecer casado y hacer lo correcto".

¡Y con esto estoy de acuerdo! Mi deseo es que las parejas permanezcan casadas. Invierto gran parte de mi tiempo cada semana tratando de convencer parejas para que tomen la decisión de permanecer en matrimonios que tienen conflictos. Sí es muy cierto, que hay ciertas ocasiones en que no puedes depender de los sentimientos y debes, por fuerza de voluntad, escoger hacer lo correcto. Estos momentos donde hay que resistir el dolor y escoger amar sí suceden en cada matrimonio. Pero los mismos no deben ser característicos de nuestra relación matrimonial. No debes tener que rechinar los dientes para forzarte a ti mismo a permanecer, día tras día, mes tras mes, año tras año.

Sé que hay personas que no son capaces de sentir amor en su matrimonio. Están casados con personas que no los aman. Que rehúsan comunicarse y amarlos como necesitan ser amados. Necesitan depender del amor como una decisión. Porque es lo único que tienen. Y con la ayuda de Dios podrán escoger permanecer en la relación. Tengo buenos amigos personales que se encuentran en una situación miserable como ésta. Ambos han escogido permanecer, y por ello tienen mi máximo respeto al tomar esta difícil y diaria decisión.

Lo que estoy diciendo es que este guión no es el "Plan A" que Dios tiene en mente. No es lo que Él desea para tu matrimonio. Él no ha diseñado el amor para que tan sólo sea una decisión intelectual de la voluntad.

En parte, el amor es una decisión. Claro que lo es. Pero no lo es todo. Me temo que el mensaje "El amor es una decisión", ha definido el amor como nada más que una serie de decisiones responsables. El amor es mucho más que eso.

Ha ocurrido una contrarreacción a los sentimientos. Los sentimientos han perdido su valor y han sido descritos como algo frívolo. El amor, como decisión, comportamiento y acto de la voluntad, ha sido presentado como mejor y superior a los sentimientos. Los sentimientos han sido echados a un lado y considerados como innecesarios.

Al escuchar a algunos de estos "expertos" cristianos, me llevo la inconfundible impresión que no les gustan los sentimientos. No se sienten cómodos con los sentimientos. Los sentimientos son malos. Sucios. Poco confiables. Los sentimientos tan sólo te causan problemas. Desearían que los sentimientos desaparecieran.

Pues, siento tener que diferir. Vengo en defensa de los sentimientos. En el área del amor, los sentimientos son tan importantes como las decisiones. No son más importantes. Pero sí igual en importancia.

El amor es una decisión. El amor también es un sentimiento. Un glorioso, magnífico, súper electrizante y vivificante sentimiento.

Si no gozas del sentimiento del amor en tu matrimonio, entonces algo anda mal. Si no lo tienes, entonces debes decidir mantenerte firme junto a tu cónyuge. Pero si haces lo correcto, el sentimiento regresará. De hecho, el sentimiento será muchísimo mejor de lo que jamás fue. No soy yo quien habla por cuenta propia sobre los sentimientos. No me he inventado estas cosas. Es Dios quien habla. En la Biblia. Dios nos da a entender con claridad que el amor es un sentimiento.

Salomón y su "bombón"

Es casi imposible leer el Cantar de los Cantares de Salomón, sin chocar de frente con el mensaje: ¡El AMOR ES UN SENTIMIENTO! ¡El libro completo es un, enorme y pulsante sentimiento! Anda, léelo. Ya verás. ¡Salomón y la mujer sulamita estaban locamente enamorados! Estaban absolutamente locos de pasión el uno por el otro. Y a Dios le agradó cada minuto.

Fue Dios quien le dio a Salomón y a su mujer este apasionado amor. Fue Él quien lo animó. Fue Él quien lo bendijo. Estuvo presente con los amantes durante su noche de bodas cuando consumaron su matrimonio. Los impulsó a disfrutar su primera relación sexual (Cantar de los Cantares 5:1).

¿Quieres una buena descripción del amor marital? ¿Qué te parece esta que aparece en Cantar de los Cantares 8:6-7:

Ponme como un sello sobre tu corazón,
como una marca sobre tu brazo;
Porque fuerte es como la muerte el amor;
Duros como el Seol los celos;
Sus brasas, brasas de fuego, fuerte llaman.
Las muchas aguas no podrán apagar el amor,
Ni lo ahogarán los ríos.
Si diese el hombre todos los bienes
de su casa por este amor,
De cierto lo menospreciarían.

¡Guao! Esto a mí no me suena como una simple decisión de la voluntad. ¡El amor es como fuego que arde! ¡Eso sí que es pasión!

La pasión, era el móvil y la característica principal en la relación de esta pareja. Su pasión permaneció fuerte y vibrante a través de las tres etapas de su vida como pareja: el cortejo, la boda y la madurez de su matrimonio. De hecho, el amor y la pasión que ambos sentían aumentó y fue profundizando a lo largo de su vida matrimonial (Cantar de los Cantares 7:1-10, 8:13-14). Una de las razones claves por la cual Salomón y la sulamita no perdieron la pasión entre ellos fue porque continuaron con el mismo comportamiento amoroso que habían manifestado durante los días de cortejo.

Si Dios hubiera querido enseñarnos que la pasión termina y que inevitablemente el amor marital se seca, lo hubiese hecho por medio del ejemplo de Salomón y la sulamita. Su relación se hubiese enfriado, y hubiesen tenido que constantemente escoger permanecer juntos. Pero Dios no lo hizo así. De hecho, hizo completamente lo opuesto. En este libro, Dios nos muestra en grandes detalles Su modelo para el matrimonio. Su modelo es, dos personas que permanecen apasionadamente enamoradas a lo largo de la relación.

Cantar de los Cantares nos enseña que el amor es un balance entre el comportamiento y los sentimientos. Salomón y la sulamita lograron mantener sus apasionados sentimientos porque cada cual continuó manifestando el debido comportamiento amoroso. Uno sencillamente no decide amar. Uno necesita escoger manifestar el debido comportamiento, y como resultado vendrán los debidos sentimientos. Los sentimientos buenos, y apasionados.

Yo deseo tener un matrimonio como el de Salomón y la mujer sulamita, ¿y tú? Yo deseo experimentar todos los sentimientos que acompañan al amor. Con Sandy, experimento tales sentimientos la mayor parte de las veces. ¿Por qué? Porque nos comunicamos, y porque nuestro comportamiento es romántico. Ya he cubierto el tema de la comunicación, hablemos entonces sobre el romance.

Es necesario que seas romántico

Nota que dije *es necesario*. Si anhelas pasión, el romance no es una opción. Donde hay romance, allí hay pasión. Muéstrame una pareja que no es romántica y te mostraré una pareja donde el amor languidece.

La mayoría de las parejas a las que les doy terapia poseen muy poco amor cuando vienen donde mí. Una razón para esta triste condición es que no hay romance. Usualmente, al preguntarle a la pareja cuándo fue la última vez que hicieron algo romántico, me enfrento a un incómodo silencio. "Bueno, doctor Clarke... nosotros, ah... Déjame pensar, fue en... No, no supongo que no. En realidad no recuerdo."

Les pregunto cómo se conocieron, y qué me cuenten sobre el principio de su relación. Sus ojos se iluminan. Puedo ver el brillo en sus ojos al recordar cómo solían ser románticos el uno con el otro. Miran con melancolía al pasado y lo divertido que fue su noviazgo. Entonces les digo que una de las maneras de darle vida a un amor que languidece es a través del romance. Con sólo algunas excepciones, les recomiendo a todos que comiencen de inmediato a practicar el romance.

La mayoría de las parejas me miran como si yo estuviese loco. "¿Quieres que la saque a pasear? ¡Preferiría salir mejor con un gran tiburón blanco!" O: "¿Ser romántica con él? ¡Debes estar bromeando! Él es tan romántico como un mueble de patio".

Lo que estas parejas necesitan es romance. Lo que tú y tu esposa necesitan es romance. El romance es el principio de la pasión. Crea el ambiente para la pasión.

Crea el "ambiente"

El ambiente, es una delicada y suave sensación de bienestar que abre tu boca y tu corazón hacia tu cónyuge. Salomón y la sulamita eran maestros en el arte de crear ambiente. Funcionó para ellos creando pasión, y funcionará para ti también.

Primero, el ambiente abre tu corazón y se crea una apertura, cierta vulnerabilidad que antes no estaba presente. Las barreras caen. (Entre una mujer y un hombre siempre hay una barrera. Para que haya intimidad, la barrera debe caer). Entonces, el ambiente abre tu boca, y puedes expresar cosas íntimas, profundas y significativas. No dulces cositas como por ejemplo:

"Mi puchunguita".
"Mi dulcecito de menta".
"Mamita quiere a su gran papito".

Si no cosas como:

"Te amo tanto, querida".
"Le doy gracias a Dios por traerte a mí".
"Eres como una gacela o un joven ciervo".
(Perdóneme, esa era la sulamita)
"No hay nadie más importante para mí en todo el mundo".
He aquí una emoción. He aquí una reacción. He aquí algo personal. Ambos expresarán cosas personales mientras están en ambiente, que no expresarían sin haber ambiente. El ambiente siempre va a determinar el nivel de conversación.

Siempre. Piénsalo. Te encuentras cenando con la familia en un restaurante, junto a otras familias. Ahí se encuentran ustedes dos, rodeados de gente por doquier. Hay ruido, las luces están encendidas y los niños están gritando.

¿Cuáles son las probabilidades de crear ambiente en un lugar así? Cero. Nunca lo lograrás, ni en un millón de años. He hecho estudios al respecto. He enviado pareja tras pareja a uno de estos restaurantes familiares, y los he observado a través de un espejo, y los he escuchado por medio de micrófonos escondidos. ¡No ocurre nada más que habladuría superficial!

Pero, ¿qué te parece una cena en un pequeño restaurante italiano? Sentados en una esquina privada. Hay silencio. Las velas están encendidas. Y un tipo italiano llamado Luigi está tocando el violín. ¡Ahora sí que estamos hablando! Literalmente. ¿Cuáles son las probabilidades de que entren en ambiente y puedan dialogar a un nivel más profundo? ¡Las probabilidades son muchas!

En los días iniciales de una relación, este ambiente romántico siempre está presente. Siempre te acompaña. Te sigue a la lavandería. Te sigue al estacionamiento de la tiendita. Pero después que han estado juntos por algunos años, este ambiente ha desaparecido. No brota a la superficie espontáneamente.

Permíteme ilustrarlo de la siguiente manera: llego a mi casa al anochecer, y al entrar por la puerta me enfrento a un caos total. Hay tres niñas gritando, llorando, riéndose histéricamente. William, mi hijo de tres años corre y me agarra por una pierna. El piso es un campo minado de ropa y juguetes. Me asomo a la cocina y veo a Sandy preparando la cena. Por lo menos espero que sea la cena. Nuestros ojos se encuentran y todo el mundo se detiene; ella sonríe suavemente y nos derretimos en los brazos el uno del otro...

¿Es así como sucede? ¡Por supuesto que no! La primera parte de la noche está dedicada a los niños. Las tareas, la cena, y el tiempo de jugar. Más tarde, nosotros mismos creamos el ambiente después de haber acostado a los niños. Por lo menos ya se han retirado a sus habitaciones. De hecho, no es necesario que los niños estén dormidos para que Sandy y yo comencemos a preparar el ambiente. Lo que quiero es que estén lejos de nosotros.

Los niños comenzarán a quejarse: "No puedo dormirme". "No estoy cansado". Mi respuesta es: "No me importa. Quédense despiertos toda la noche si lo desean. No quiero que me molesten más". Esto me ha funcionado a las mil maravillas.

Después que los niños están en sus habitaciones, Sandy y yo nos sentamos en el sofá, y comenzamos nuestro diálogo de veinte o treinta minutos. Estamos creando ambiente porque hemos aprendido que cuando estamos en ambiente, nuestras conversaciones son mejores. Hablamos con mayor libertad y de manera más personal e íntima. Y esto es lo que ambos deseamos.

Si esto es lo que tú también deseas, pasa a la siguiente página. Voy a describir varias maneras que han sido cuidadosamente investigadas y probadas con el tiempo sobre cómo crear un ambiente romántico.

Diecinueve

¡Es el romance!

Lo que estoy a punto de decirles podría causar que algunos de ustedes cuestionen mi hombría. Es una aseveración que sólo un hombre viril y seguro de sí mismo haría.

Así que, aquí va. Yo era un amante de la antigua serie de televisión "Hart to Hart" (De Corazón a Corazón). ¿La recuerdas? Probablemente aún la estén pasando por cable en algún sitio. En mi opinión, esta serie continúa siendo el programa más romántico en la historia de la televisión. Los protagonistas eran Robert Wagner y Stefanie Powers, una hermosa pareja de ricos, que en su tiempo libre, investigaban casos criminales. Estos dos eran unos verdaderos innovadores entre los ricos y famosos. Vestían la mejor ropa, manejaban los mejores autos (en realidad quien manejaba era su chofer Max), y cenaban en los mejores restaurantes. Pero lo que cautivaba mi atención era la calidad de su relación. Estas dos personas, por lo menos en la televisión, estaban profundamente enamoradas. Ambos eran increíblemente románticos.

En cada programa, el tema central era el romance entre la pareja Hart. Se sorprendían el uno al otro con tarjetas y regalos. Cenaban a la luz de las velas. Se acariciaban con frecuencia (y con buen gusto). En cada episodio, se besaban por lo menos unas cuarenta veces. En todo momento se expresaban verbalmente el amor que sentían el uno por el otro. Se escuchaban muchos "te quiero", y siempre se decían cosas empalagosas y sentimentales.

Para ser una pareja que llevaban casados largo tiempo, se comportaban como un par de chiquillos. Ambos eran espontáneos y juguetones; hasta un poco tontos. Hacían chistes, bromeaban afectuosamente y se tomaban el pelo. Había mucha risa y se divertían juntos.

Era una relación jugosa. Sentimental. Demasiado dulce y espeso como el almíbar. Muy parecido a un comercial de tarjetas de bienvenida de una hora de duración. Y me encantaba. Y es precisamente lo que tú y yo necesitamos en nuestro matrimonio.

Deseo tener en mi matrimonio el tipo de romance que tenían los Hart. Claro que sí. Al rey Salomón le hubiera encantado este programa. Seguramente se hubiera dirigido a la sulamita entre espacios comerciales para decirle: "Querida, esta pareja de norteamericanos se parece a nosotros". Entonces la besaría y le diría algo romántico.

Si piensas que el romance es algo tonto, inmaduro e innecesario, pues bien. Acostúmbrate a vivir en un matrimonio frígido, aburrido y carente de pasión. Personalmente, deseo tener un matrimonio que funcione a plenitud. Quiero probar y disfrutar cada última onza de pasión con Sandy. Por medio del romance lo podré lograr. Por medio del romance *tú* también lo podrás lograr.

Lo siguiente es la guía de Dave y Sandy Clarke para lograr el romance. Puedes pensar como que esta es la guía romántica de "Clarke to Clarke" (Clarke a Clarke). Estos nueve comportamientos están garantizados para crear un poquito de romance, aun en los matrimonios más irritables y sin vida.

Una cita por semana

Soy un fiel creyente de la práctica de salir juntos en una cita amorosa una vez por semana. El hacerlo, los aleja del rancho. Es emocionante. Es divertido. (¡Y si tienen hijos, los aleja de ellos!) Al hacerlo, al salir juntos en una cita amorosa, ¡estarán reviviendo el tiempo de noviazgo! El noviazgo nunca debe terminar. Usualmente, la boda mata el noviazgo. ¡No deben permitir que tal cosa les suceda a ustedes!

Planifiquen sus citas. Sean creativos. Al abordar el auto, eviten tener que decirse el uno al otro: "¿Y qué deseas hacer esta noche?" ¡Hacerse esta pregunta una y otra vez es patético! No decidan dónde irán a cenar mientras viajan en su auto. "¡Mira querido, allí hay un restaurante que vende panqueques!"

Hagan lo que Sandy y yo hacemos. Ambos nos turnamos. Este sábado, soy yo quien planifica la cita. Trato de no planificar hacer algo que a Sandy le desagrade, pero la responsabilidad de planificación es mía. El próximo sábado, es ella quien planifica la cita, y así sucesivamente. Por supuesto, es necesario también ser romántico los demás días de la semana. Lo bueno de esta idea es que te ofrece la garantía de ser romántico por lo menos una vez por semana.

Ya me imagino las muchas excusas: "Es que estamos demasiado ocupados. No es fácil conseguir quien cuide a los niños. Es que siempre salimos con los chicos. No nos alcanza el dinero". Tonterías. Tonterías. Tonterías. Tonterías. ¿Deseas o no, ser romántico? Salir juntos una vez por semana no es fácil, pero valdrá la pena.

Tómense de las manos

Cuando caminen uno al lado del otro, tómense de las manos. ¡Así lo hacen los enamorados! No puedo creer la abundante cantidad de parejas que veo caminando juntos sin contacto alguno. Sus manos sencillamente cuelgan libremente. ¡No! Esto no es una buena idea. ¿Para qué crees que son las manos? Dios no colocó planchas de hacer buñuelos al final de nuestros brazos. Las manos encajan perfectamente la una entre la otra, por lo tanto, ¡tómense de las manos!

En mi oficina tengo una gran ventana por la cual puedo ver a mis clientes mientras caminan desde el estacionamiento hacia mi oficina, y cuando se marchan. Sobre la ventana he colocado un velo especial el cual me permite ver a los clientes, pero ellos no me pueden ver a mí. ¿Un tanto sigiloso, no crees? (En realidad lo coloqué para bloquear el fuerte sol de la Florida). A mis clientes les digo que se tomen de la mano cuando regresen a su auto. Y les advierto: "Les estaré observando, y si no lo hacen, golpearé en la ventana". Ellos se ríen por el nerviosismo, y les digo: "Es en serio".

Mis queridos amigos, he visto milagros suceder a través de mi gran ventana. He observado cómo los matrimonios comienzan a cambiar a treinta pies de mi ventana, mientras las parejas caminan hacia sus autos. Y sólo porque las parejas se toman de la mano por primera vez en quien sabe cuánto tiempo.

Hace un tiempo atrás, pude observar a una pareja mayor de sesenta años de edad. Su matrimonio era una terrible relación llena de resentimientos y amarguras. Al final de la sesión, les dije que al salir de la oficina se tomaran de la mano. Ambos me miraron como si estuviera loco, pero lo hicieron.

Les digo que fue algo increíble. Al salir de la oficina ambos se tomaron de la mano. Por primera vez en cuarenta años sus manos se tocaron. Mientras los observaba, noté que ambos comenzaron a disfrutarlo. El brinquito en sus pasos era notable.

Cuando llegaron a su auto, el hombre se viró hacia mí, y me hizo una señal de aprobación al levantar el dedo pulgar. Entonces, ¡inclinó a la dama hacia atrás con la intención de besarla! Desafortunadamente, el anciano perdió el equilibrio y la cabeza de su esposa le pegó a la defensa del auto. Por supuesto que lo de la defensa es una broma. Pero el resto de la historia es verídica. Esta pareja aún tenía mucho trabajo por delante en las sesiones de terapia, pero tomarse de las manos, los encaminó por la vía de la sanidad.

Cuando comparto sobre este tema en los seminarios matrimoniales, siempre le digo al público: "Cuando termine esta sesión los voy a estar observando, y al salir de aquí, ¡quiero ver quiénes son los que se toman de las manos! ¿Me están escuchando?" Muchas de las parejas salen tomados de las manos, y por sus sonrisas y lenguaje corporal puedo percibir que cierto sentir de romanticismo ha sido creado.

Salgan a caminar juntos

Algo especial ocurre cuando salimos a caminar juntos (tomados de la mano, por supuesto) en un ambiente natural. Se crea un grato sentir de bienestar, y sentimientos románticos de cercana intimidad.

Considera por ejemplo, la playa. ¿Qué de especial tiene el agua? El agua es hermosa, es tranquilizante y muy romántica. Te quitas los zapatos y las medias. Uno siempre debe caminar descalzo en la playa (A menos que sea invierno y te congeles). Caminas por la arena mientras el agua cubre la orilla. Sientes la suave arena crujir bajo tus pies. El ancho y hermoso cielo se extiende ante ti. Lentamente el sol se pone sobre el horizonte. Y ahora dime, ¿no es esto romántico?

Si odias la playa o no vives cerca de una, cualquier ambiente natural cumplirá el mismo propósito —un parque, un lago, un río, una arboleda. Hasta salir a caminar por tu vecindario podría ser romántico. Siempre y cuando se tomen de las manos.

Bailen juntos al compás de música suave

Escuchen música romántica en la radio o de un disco compacto. Podrían escuchar hermosas y suaves piezas de música instrumental. O, algunas de tus canciones de amor favoritas. A Sandy y a mí nos gusta escuchar a los Carpenters y Barry Manilow. (Así es, Barry Manilow). La música es un medio poderoso. El mismo puede tocarnos y movernos. Usamos música para adorar, y para abrir nuestros corazones a Dios. Podemos usar la música para crear romance y para abrir el corazón del uno hacia el otro.

Con las luces a medias, sencillamente abrácense y muévanse juntos al compás de la música. No necesitan tomar clases de baile. Si van a bailar en público, entonces tomen sus clases. Pero en la privacidad de su propio hogar, no hay quien los esté mirando. Si están enfrentando problemas con profundizar en el diálogo, intenten bailar suavemente antes de dialogar. ¡Es asombroso como esto te puede ayudar a abrirte!

Algunos de ustedes estarán pensando: "¡Por favor, David! Yo me sentiría avergonzado al bailar". Mi respuesta es: "¡Relájense! ¡Suéltense aunque sea un poquito!" ¡Piensen que lo que están haciendo es abrazándose al compás de la música! Muévanse al vaivén, mézanse, den una vuelta por la habitación. Si no están listos para bailar, por lo menos siéntense en el sofá y tómense de la mano mientras escuchan música. Así se comienza.

Vean películas románticas juntos

Esto sí que trae buenos resultados. Siéntense juntos y solos, a ver una película romántica. Podrían aprovechar una en la televisión o alquilarla.

A Sandy y a mí nos gustan las películas clásicas antiguas. Son de buen gusto y bien hechas. *Casablanca. To Have and Have Not. North By Northwest. Holiday Inn.* ¡Y las parejas antiguas protagonistas son maravillosas! Entre ellas, las chispas se hacen ver. Spencer Tracey y Katherine Hepburn. Humphrey Bogart y Lauren Bacall. Cary Grant y Audrey Hepburn.

Siéntense juntos en el sofá, en vez de uno en la silla y el otro en el sofá. No se sienten cada uno en una silla. ¡Por favor! ¡Estar cuatro o cinco pies separados el uno del otro no logra el efecto deseado! Si están juntos se pueden tocar. Besar. Hacer el amor. Mientras miran la película, lo que ocurre en pantalla se transfiere a ustedes dos y a su relación. Ya no sería Humphrey Bogart enamorándose de Lauren Bacall. ¡Más bien es Bob enamorándose de Betty!

Los hombres deben estar pensando: "¡Por favor, no! Estas son películas para mujeres!" Así es. Lo son. ¿Adivina con quién estás casado? ¡Con una mujer! Así que, adelante, hombres. A mirar películas. Ningún otro hombre se va a enterar. Y créeme, no te arrepentirás.

Cenas en casa a la luz de las velas

Los restaurantes bonitos y alejados son una buena idea, pero puedes recrear el mismo ambiente en tu propio hogar. Acuesten a los chicos temprano. Usen un bonito mantel. Saquen las velas. Ordene la comida de un buen restaurante y que se la traigan a casa.

Usen copas elegantes y románticas. ¡No uses los antiguos y manchados vasos de plástico! ¿Acaso Cary Grant y Eva Marie Saint usaron vasos de papel en su famosa escena en el tren en la película *North By Northwest*? ¡Por supuesto que no!

Y por favor, usen la vajilla buena. ¡Casi siempre la vajilla pasa de generación a generación y nunca se usa! Es necesario cuidar la vajilla. No la podemos tocar. Hay que pasarla a la próxima generación intacta, para que también ellos la tengan y no la usen. Escucha, tu bisabuela no se va a ofender si se rompe un plato de tu vajilla. ¡Ella está muerta!

Procuren celebrar una cena a la luz de las velas cada mes o cada dos meses, y verán lo que sucederá. Es algo elegante. Es romántico. Crea ambiente. Te ayudará a dialogar con mayor profundidad e intimidad.

Escriban cartas y tarjetas

Escribir es un arte perdido. El mismo puede ser muy romántico. Deberían hacerlo parte de su relación.

Sandy y yo estuvimos separados el año completo antes de nuestra boda. Fue un compromiso muy difícil, el cual no le recomiendo a nadie. Lo que nos mantuvo cerca fueron las cartas —escribimos muchas cartas durante ese año. Cada uno de nosotros escribió tres o cuatro cartas por semana. ¡Cartas de amor! Yo no podía esperar leer las cartas de Sandy. El momento más notable de mi día era encontrar una carta de mi novia en mi buzón del seminario.

Muy pocas son las parejas que se escriben cartas y tarjetas. Si lo hicieron antes de casarse, terminaron la práctica después de la boda. "Es que ahora vivimos juntos. Ya no tenemos que escribirnos. ¿Cierto?"

Falso. Continúen escribiéndose, y mantendrán vivo el romance y el amor que se tienen. Dios nos escribió a nosotros una carta de amor. Se llama la Biblia. Si Dios pensó que esto era una buena idea, entonces debe ser una buena idea.

Vayan ambos, y compren un paquete de tarjetas románticas en su librería cristiana. Entonces, entrégale una a tu cónyuge cada dos o tres semanas si así lo deseas. Coloca la tarjeta sobre la almohada de tu enamorada. Colócala cerca del lugar que ocupa tu amante en la mesa del comedor. Envía la tarjeta por correo. A todos nos gusta recibir correo personal.

Mi padre, Bill Clarke, le ha enviado tarjetas a mi madre por varios años. Con tal de sorprenderla, él hace lo indecible. (Si conocieras a mi madre, podrías ver que eso es algo difícil de hacer. A ella no se le escapan muchas cosas). Mi padre hace uso de diferentes tipos de letra y variadas maneras de escribir en el sobre, con tal de que ella no se percate que fue él quien envió la tarjeta. Hasta le ha pedido a otras personas que escriban la dirección en el sobre con tal de que ella no reconozca su letra. Para ellos este es un hermoso y romántico juego, y les ha funcionado.

De hecho, hombres, no dejen de escribir en una tarjeta palabras amorosas. ¿Han visto todo el espacio en blanco que hay en una tarjeta? ¿Saben para que se usa? Hay árboles que han dado sus vidas por ese espacio en blanco. ¡Tal espacio existe para que escribas tus mensajes personales a tu esposa! No firmes la tarjeta: "Te quiere, Bob", y nada más. Para la mujer, tales palabras no tienen gran significado. ¡Ella sabe que no fuiste tú quien escribió los pensamientos en la tarjeta! Ella desea recibir una nota personal y romántica, desde lo más profundo de tu corazón y dirigido hacia el de ella. Le puedes decir cuánto la amas. Felicítala por su belleza física. Expresa agradecimiento por todo lo que hace por ti. Menciona lo mucho que disfrutaste de la cita juntos hace dos noches. Sé que vas captando la idea.

En ocasiones, digamos una vez cada dos meses, escríbele a tu cónyuge una carta. Esto se lo digo a ambos. ¡Y me refiero a una carta de amor sin reparos! ¿Cuándo fue la última vez que le escribiste a tu amada, una verdadera y honesta carta de amor? Eso pensé. ¡Entonces, a trabajar! Y por favor, no la escribas a máquina. No es un reporte lo que estás escribiendo.

Una escapadita de fin de semana

Creo que es una estupenda idea el pasar un fin de semana, juntos y solos, por lo menos una vez al año. Es una manera romántica de escapar de las tensiones y rutinas de la vida. Uno escapa de los hijos, del trabajo y de los vecinos.

Un buen momento para tomarse esta escapadita es durante la fecha de aniversario. El aniversario es una fecha muy especial, y deberían celebrarlo en grande. No tan sólo con una tarjeta, un beso en la mejilla y musitar algo así como: "Gracias por los recuerdos".

Ustedes dos podrían escaparse a uno de esos hotelillos que se especializan en ofrecer una buena habitación y un excelente desayuno. O se podrían escapar a una casa de playa, o hacia las montañas, o a un hermoso y elegante hotel. No importa donde sea, siempre y cuando estén juntos. Si el presupuesto está apretado, vayan a un sitio menos caro. Si no tienen los medios económicos, empaquen a los niños y quédense en casa solos. La paz y la tranquilidad los ensordecerá. Un hogar sin niños es un hogar propicio para el romance.

Dondequiera que terminen yendo, allí será su nido de amor. Este será un tiempo para revitalizar su relación. Será un tiempo para hablar largas horas. Un tiempo para soñar sobre el futuro. Este será un tiempo para acariciarse y amarse mutuamente, sin el temor a las interrupciones.

Dile a tu compañero qué es lo que consideras romántico

Inviertan tiempo, periódicamente, hablando sobre lo que cada uno de ustedes considera como lugares y experiencias románticas. Mencionen todo lo que se les ocurra. Hazle saber a tu compañero cuáles son las situaciones que consideras románticas. No las guardes para ti como un secreto. De otra manera, nunca lograrás que tus necesidades sean suplidas.

Cuando Sandy me hace saber cuáles son las cosas que ella encuentra románticas (hospedarnos cerca del mar, algún restaurante, o lo que desearía hacer durante una cita), ¿qué hago yo? Si respondiste: "Lo escribes en tu libreta de anotaciones para que no se te olvide", puedes felicitarte a ti mismo. Lo que hago es archivar su fantasía romántica y comienzo a planificarla. Y cuando por fin logremos llevarlo a la realidad, ¿cuáles serán las probabilidades de que juntos disfrutemos un gran tiempo romántico? ¡Las probabilidades son altísimas! ¡Absolutamente altísimas! ¿Y por qué? Sencillamente porque ella se siente halagada e impresionada de que pude recordar lo que ella expresó. Ella se siente amada porque dediqué tiempo a planificar su idea, y le di la gran sorpresa. Pero la razón principal es que ella me dijo lo que consideraba romántico. Al igual que muchos hombres, no me gusta tener que adivinar. Me gusta saber que hay una garantía segura de que voy a anotar varios puntos valiosos en mi relación matrimonial.

Podría continuar y continuar, pero éstos, son tan sólo unos nueve ejemplos de comportamientos románticos. Úsalos. Para Sandy y para mí han sido muy útiles. Pero, no te detengas en estos nueve. Pongan en acción su romanticismo mental y produzcan sus propias ideas.

Mantengan en mente el que estos comportamientos románticos no van a crear pasión de inmediato. Al principio, sentirán molestia e incomodidad, especialmente si ambos están faltos de práctica. Pero no se desanimen. Continúen practicando. A su debido tiempo, podrán experimentar el ambiente romántico, y una vez que logren conseguir el ambiente, la pasión vendrá.

Veinte

Caricias, diálogo
y tremendo sexo

Para amar apasionadamente, es necesario tener una relación física saludable. Así es. Voy a hablarles sobre el sexo. He esperado hasta el Capítulo Veinte, porque son muchos los pasos importantes que deben darse antes de que se pueda lograr una buena relación sexual: Comunicación, conocer las necesidades, el romance y la conexión emocional. Tengo un mensaje para todos los hombres que al comenzar a leer este libro, comenzaron por el Capítulo Veinte. Regresen al principio y lean los primeros diecinueve capítulos, porque ustedes aún no están listos.

¿Qué les parece? Los hombres y las mujeres perciben las caricias físicas de manera muy diferente. Querido Dios, ¿no podríamos parecernos por lo menos en esta sola área? ¿Por favor? No, me temo que no. Dios sabe lo que mejor conviene, y sexualmente hablando, ha colocado a los hombres en el Polo Norte y a las mujeres en el Polo Sur.

Los hombres y las caricias

Para los hombres, las caricias son parte del preámbulo. El único propósito de las mismas es llegar hasta la consumación del acto sexual. Digo, ¿no es esa la razón? Cuando un hombre acaricia a su mujer, o es ella quien lo acaricia a él, en su cabeza

---

Las mujeres son palancas   207

comienza a sonar el tema musical de la película *Rocky*: bum ba da bum ba da bum ba da bum... E inmediatamente, el hombre piensa en el sexo, en el coito, hasta el fin. Él desea plena satisfacción sexual.

Cuando un hombre se excita sexualmente (Y no requiere de mucho), su deseo es lograr el orgasmo en el coito, y lo desea lo antes posible. A un hombre no le importa acariciar, si es que sabe que dichas caricias lo llevarán a la consumación del acto sexual.

Todos los hombres odian escuchar de su mujer las siguientes palabras: "Sólo abrázame". ¡No! ¡Cielos, no! Para un hombre, el estar arrimadito y abrazado es como ganarse la medalla de bronce en las Olimpiadas. Es mejor que nada, pero ni se acerca a lo que tenía en mente.

Esta manera masculina de enfrentar el sexo suena egoísta, y en cierto modo, lo es. Pero deben recordar, queridas damas, que nosotros los hombres expresamos nuestro amor por ustedes físicamente. Acariciarlas y poseerlas sexualmente es nuestra manera de decir: "Te amo". Desafortunadamente, nuestro estilo crudo de enfrentar el asunto las hace sentir menos que deseadas y amadas.

Las mujeres y las caricias

Para las mujeres, el toque y las caricias son indicio de intimidad, de sentirse amadas, protegidas, queridas. ¡Qué les parece! Las mujeres ven las caricias como un medio de lograr una conexión emocional. Su visión no es ir más allá de las caricias hacia el coito. Las caricias no son el preámbulo; sencillamente es parte del acto total.

Para una mujer, cuando comienzan las caricias, el coito está a diez millas de distancia. Ella no está pensando: "Qué bien, nos estamos acariciando; ¡espero que en unos diez minutos podamos tener relaciones sexuales!"

Escuchen lo siguiente, hombres. Una mujer no disfrutará (no puede) el coito, hasta que, primero no haya experimentado una conexión emocional. Podrías ser el mejor amante del mundo, pero sin esta conexión, nada sucederá. Ella necesita diálogo, interacción, y comprensión, antes de que pueda abrirse a ti sexualmente. Igual que a ti, a mí tampoco me agrada esto, pero así fue como Dios creó a las mujeres.

Cuando una mujer sabe que el hombre la está acariciando sólo porque desea satisfacer su deseo sexual (lo cual, francamente hablando es lo que casi siempre sucede), ella se siente denigrada y ofendida. Su persona y sus necesidades han sido rechazadas. ¡Hasta podría llegar a sentirse como una prostituta en su propia casa, con su propio esposo! Si ella consiente a la relación sexual sin establecer la conexión emocional, estará lejos de ser una compañera amable y dispuesta. Llegará al punto de resentir el acto sexual, o tolerarlo como un deber.

Estas son palabras fuertes, pero son la verdad. En mi oficina tengo la oportunidad de hablar con muchas mujeres, y esto es precisamente lo que me dicen. Se sienten como que tan sólo están cumpliendo con su responsabilidad en la cama como si fuera un trabajo cualquiera, sin poder disfrutar del acto sexual. Y sin poder experimentar la plena medida de placer y entrega en el sexo con sus esposos.

Ahora, en este asunto, no hay un bueno y un malo. Ninguno de los dos compañeros intenta herir al otro a propósito. Los hombres no son unos animales egoístas que no pueden controlarse. Créanme. Las mujeres no se niegan a tener relaciones sexuales porque disfrutan ver a un hombre maduro llorar. Créanme. ¡Todo tiene que ver con la manera tan increíblemente diferente que percibimos las caricias!

Ella es fría, y él, frustrado

Para muchas parejas, esta gran diferencia que existe en la manera como se perciben las caricias, resulta en serios problemas en la relación física. La mujer se convierte en un ser frío y desinteresado en cuanto al sexo se refiere. Se encoge y retrocede cada vez que el hombre la toca. Por su parte, el hombre se siente grandemente frustrado, confundido y resentido. Él no está seguro de que algo anda mal, y no sabe cómo acercarse a la mujer.

El acto sexual se convierte en algo cada vez más mecánico e incómodo. La frecuencia del coito es cada vez menos. Y cuando ocurre, no es sino un breve acto biológico; ha dejado de ser el alegre tiempo de comunicación y entrega diseñado por Dios. El hombre y la mujer cesan de tocarse y acariciarse mutuamente en maneras espontáneas y saludables, debido a que el dolor es demasiado.

¡Este "tranque" sexual le puede suceder a muchas parejas de veinte, treinta y cuarenta años de edad! La verdad es que se puede disfrutar de una relación sexual vibrante y saludable al llegar a los años setenta y hasta en los ochenta. Ahora, sí es cierto que a esta edad tome más tiempo. ¡Es muy posible que tome hasta una semana para completar el coito! Pero al estar jubilados, tendrán suficiente tiempo disponible.

El contacto como parte del preámbulo y la intimidad

Para lograr que las caricias y el coito regresen de manera regular a su relación, deben aprender a usar el toque como parte del preámbulo y la intimidad. Los hombres tienen razón: las caricias son el preámbulo. Es una buena manera de prepararse para el coito.

Si cuando ocurre el toque y las caricias, el hombre puede esperar por el coito sin presionar, entonces él y la mujer tendrán muy buenas probabilidades de moverse a través de tres etapas críticas. El sexo que es bueno y saludable siempre incluye estas tres etapas. La primera etapa comienza cuando comienzan las caricias. Es una etapa relativamente breve y consiste de caricias suaves y sin presión, por parte de ambos compañeros. Si a la mujer no se le presiona para que se mueva hacia caricias más intensas y hacia el coito, ella se sentirá amada. Al no sentirse presionada, ella podrá relajarse.

Es bueno estar con una mujer relajada y no con una que está a la defensiva y resistente como un tambor. La mujer que esta relajada podrá recibir y dar caricias. Y, escúchenme, caballeros: Ella estará más dispuesta a moverse hacia las etapas dos y tres.

En la segunda etapa, el hombre y la mujer crean una conexión emocional. Se unen en el nivel emocional por medio del diálogo y las caricias. ¡La mayoría de los hombres no se han percatado de que pueden tocar y hablar a la misma vez! Pues sí se puede. Y es necesario que lo hagan, para poder suplir la necesidad de intimidad emocional que tiene la mujer.

Caballeros, ¿han notado alguna vez que mientras se acarician, a la mujer le gusta hablar? ¿Verdad que te vuelve loco? Ella habla porque por fin tiene una audiencia cautiva. Porque te ama. Porque quiere y necesita sentirse cerca de ti.

Pero esta segunda etapa no tan sólo tiene que ver con la necesidad de intimidad emocional de la mujer. También tiene que ver con la necesidad que tiene el hombre de intimidad emocional. ¡Hombres, ustedes también tienen la misma necesidad! Lo que sucede es que no se han percatado de la misma, y usualmente le pasan por encima en su apresurada y hormonal carrera hacia el coito. Hombres, si se apresuran tanto y hablan con la mujer mientras la acarician, muchas cosas buenas pudiesen suceder. Te sentirás más cerca de ella.

Ella se sentirá más cerca de ti. Y ambos estarán listos para la tercera etapa.

La tercera etapa es el coito (Pensaban que nunca llegaríamos al tema, ¿cierto?). Cuando el hombre y la mujer proceden al coito (veinte minutos después, dos horas después, a la mañana siguiente, al atardecer del próximo día), ambos están listos para juntos moverse exitosamente al nivel físico. Ahora ambos pueden abrirse y ser sexualmente vulnerables.

En la tercera etapa, es necesario que el hombre continúe acariciando a su esposa de manera tierna y amorosa. Un gran por ciento de mujeres informa que no alcanzan —no pueden— experimentar el orgasmo durante el coito. La mayoría de las mujeres lograrán disfrutar de un orgasmo sólo cuando el hombre le dedica el tiempo a complacerla y acariciarla.

Creo que estas etapas son diseño de Dios para la vida sexual de una pareja de casados. Ambos compañeros deben ejercer la paciencia al moverse de una etapa a la otra. La mujer tiene que esperar para que el hombre sea emocional, que hable y establezca una conexión por medio del diálogo. El hombre tiene que esperar que la mujer llegue al nivel físico, y que esté lista para entregarse a él plena y libremente.

La relación sexual es emocional, física y también es espiritual. La intención de Dios es que en el coito el hombre y la mujer se junten de manera plena en cada una de estas tres etapas.

Hablen sobre el sexo

Es asombroso cuántas parejas nunca dialogan el uno con el otro sobre el aspecto físico de su relación. ¡Y quiero decir, nunca! Es demasiado incómodo, personal, arriesgado y vergonzoso. Es imposible poder experimentar caricias y un coito saludable sin hablar al respecto. Una manera excelente de aprender más —más sobre el acto mismo, más sobre cada cual— es leyendo juntos un buen libro sobre el sexo. Esto podría abrir una puerta tras otra.

Los hombres y las mujeres se acostumbran a dialogar sobre el sexo en horarios neutrales. Por neutrales quiero decir, en momentos aparte del tiempo de caricias y coito. En tales momentos de discusión, ambos están bastante lejos de la cama. Cuando estén en la cama y disfrutando de una relación sexual, no hagan comentarios que puedan ser interpretados como críticas.

Hablen sobre las diferencias que hay entre el hombre y la mujer en cuanto a las caricias se refiere. Hazle saber a tu cónyuge qué es lo que te impide relajarte por completo y disfrutar las caricias. ¿Qué te gusta? ¿Qué no te gusta?

Di la verdad. "A mí me gustaría muchísimo si nosotros..." o, "Yo disfruto..." Lo que les voy a decir no es fácil escuchar, pero mejor es tarde que nunca. Muchas personas pudieran tener un clóset lleno de Oscares, por todas las veces que han pretendido disfrutar de la relación sexual. Y no es siempre la mujer la que no está interesada en el sexo, y hay que convencerla a ruegos para que nos acompañe a la cama. Del veinte al veinticinco por ciento de las parejas, los papeles se han invertido. El hombre es quien se resiste, y la mujer quien lo persigue. Él evita la intimidad física y la mujer se siente frustrada y continuamente rechazada.

Siempre existen razones para que cualquiera de los dos miembros en la pareja se sienta incómodo con la relación sexual. La única manera de que esto cese, es enfrentando el asunto directamente. El cónyuge que se resiste debe, con la ayuda de Dios, llenarse de valentía y dialogar abierta y honestamente con el compañero sobre lo que le sucede.

Todas las parejas tienen problemas sexuales. Así es. Dije *todas* las parejas. La diferencia radica en que hay parejas que dialogan sobre sus problemas sexuales, y hay parejas que no. Las parejas que nunca hablan sobre el sexo nunca podrán disfrutar de una vida sexual íntima y profunda. Las parejas que sí dialogan sobre el sexo, tienen muy buenas probabilidades

—casi ciento por ciento— de desarrollar y mantener una gran vida sexual.

Cuando hablas sobre tus problemas sexuales, puedes descubrir cuál es el verdadero impedimento. Al hacerlo, encontrarás que eres vulnerable, y de manera automática podrás alcanzar un nivel aun más profundo con tu cónyuge. Con la verdad sobre el tapete, y ambos conectándose a un nivel más profundo, ambos podrán trabajar juntos para solucionar sus problemas sexuales. Juntos es la única forma de poder resolverlos, ya que la relación sexual los involucra a los dos.

Asegúrense de que cualquier problema sexual lo consideren como un problema de ambos. No debe ser: "Tú tienes un problema, así que arréglalo y luego me llamas". Ni aun debería ser: "Yo te ayudaré con tu problema". Lo que debería ser es: "Ambos tenemos un problema. Vamos a lidiar con este asunto juntos".

Noventa y cinco por ciento de las dificultades sexuales pueden ser corregidas a través del diálogo abierto y franco entre el hombre y la mujer. En algunos casos, la pareja tendrá necesidad de acudir a un psicólogo o a un médico para dilucidar asuntos médico/psicológicos. Siempre deben acudir juntos, ya que es un problema compartido. Aun cuando necesiten ayuda profesional, tendrán que dialogar para poder enfrentar el problema como equipo que son.

Si no dialogan sobre su relación física, nada cambiará, ya que ninguno de los dos tendrá la más mínima idea de cómo mejorar la relación sexual. Si dialogan al respecto, ambos podrán hacer cambios significativos. Hablen a menudo, por lo menos una vez al mes, para mantenerse al tanto de lo que sucede.

Además de dialogar sobre el sexo en momentos neutrales, aprendan a concertar acuerdos específicos en su vida sexual. Echen a un lado la idea de que el sexo es natural y espontáneo. Pueden deshacerse de esta emoción después de la luna de miel. Dediquemos un momento de silencio para honrar las relaciones sexuales durante la luna de miel. ¡Esos sí que fueron grandes momentos! Las relaciones sexuales se llevaban a cabo en cualquier momento, lugar y más de una vez por día. No había preparación previa. No había etapas, ni obstáculos. No había problemas. Bueno, creo que ya es suficiente. Regresemos al mundo real.

Después del primer año de casado, el sexo se convierte en un juego completamente diferente. Hace falta la preparación previa. Hay etapas y obstáculos. Ambos deben vencer problemas. Ahora es necesario dedicarle tiempo y esfuerzo.

Es extremadamente raro que una vez que comienzan las caricias, ambos cónyuges anhelan el coito inmediatamente. Lo que hagas en este momento es de gran importancia. Frente a las caricias, tan pronto comienzan en la Primera Etapa, díganse el uno al otro qué es lo que desean, y por qué. ¡Son aquellas cosas no dichas las que matan! Mientras más específicos sean con sus necesidades y expectativas, menos heridas y malas interpretaciones habrá.

Dile a él la verdad

Mujeres, cuando comiencen las caricias, dígale al hombre la verdad. Si lo único que desean es caricias sin coito, exprésenlo. Díganselo antes de que sus motores se calienten. ¿Pueden ustedes imaginarse lo que significa decirle a un hombre que no deseas coito diez minutos después que han comenzado las caricias? Es como pararse en la pista de carreras frente a un chofer que viaja a ciento ochenta millas por hora, y decirle: "Deténte, por favor". Señoras, eso no es nada bueno. No es justo. De hecho, es cruel. Y por favor, no usen la palabra "acurrucarse" en su explicación.

Ustedes deben decirle al hombre por qué no estás lista para el coito. Aun así el hombre se sentirá desilusionado, pero una explicación ayuda. No uses la antigua y general excusa: "Me duele la cabeza" (a menos que en realidad te duela), "No tengo ganas", y "Oh, ahora no, querido". Tales excusas no le dicen al hombre absolutamente nada.

Dile la verdad. Puede ser un asunto personal. Tuviste un mal día, demasiada tensión, baja estima propia, fatiga. O quizá tenga que ver con la relación entre ustedes: un conflicto no resuelto, enojo con el hombre, sentimientos heridos. El hombre tiene el derecho de saber, y te sentirás mejor al verbalizarlo.

Finalmente, señoras, háganle saber al hombre cuándo les gustaría tener relaciones sexuales. Bríndenle un poco de esperanza al pobre hombre. Y por favor, no digan: "Pues déjame ver... ¿qué te parece catorce días después del martes?" A menos que en la relación haya serios problemas, no lo hagas esperar demasiado tiempo. El deseo de Dios es que los casados tengan relaciones sexuales regularmente. En primera de Corintios 7:3-5, Pablo señala una sola razón bajo la cual se debe interrumpir las relaciones sexuales. Y dicha razón es para orar sobre algún asunto que sea de importancia para ambos.

Ahora, deben tener en cuenta que hay muchas caricias y excitantes maneras de tocarse que no tienen que terminar en el coito. Se le llama besuquearse, sobarse, mimarse, etcétera. ¿Debo decirles más? ¿Recuerdan cuando eran novios? Es posible que se sintieron culpable al ir más allá de lo debido con las caricias. La buena noticia es que Dios te ha perdonado. Él no te lo toma en cuenta. ¡Ahora puedes besuquearte y sobarte todo lo que quieras, sin sentirte culpable! Ahora que ya estás casado, puedes hacerlo. Sencillamente hablando, Dios desea que lo hagas.

Muchas parejas no se tocan para nada, excepto durante el coito. ¡Eso no está bien! ¡Eso no es saludable! Hombres, no hagan pucheros con los labios si no pueden tener relaciones sexuales. Mujeres, no se enfríen a tal grado que se abstengan de todo tipo de roces y caricias, sólo porque no se sienten preparadas para el coito. ¡Sóbense! ¡Besuquénse! ¡Adelante!

Cuando ninguno de los dos cónyuges desea o necesita un orgasmo, sencillamente discutan qué nivel de caricia disfrutarían. Pueden besarse, acariciarse, besuquearse, y disfrutarse mutuamente. Todo esto sin el orgasmo. Todo esto sin el coito.

Los hombres son ostras

Habrá momentos cuando ambos decidirán no tener relaciones sexuales, pero por lo menos uno de los cónyuges desea un orgasmo. ¿Saben una cosa? Uno o ambos cónyuges pueden alcanzar y experimentar el orgasmo aparte del coito. No hay ley alguna en contra de tal práctica. Se llama un orgasmo mutuo sin coito. Por lo menos así lo llamo yo. Vestidos o desnudos, pueden proceder a excitarse todo lo que deseen. Entonces, uno a la vez, proceden a estimular al compañero hasta que logra el orgasmo. Si sólo uno de los dos desea orgasmo, eso está bien. Si ambos lo desean, bien.

Una situación muy común es cuando la mujer no desea orgasmo y el hombre verdaderamente lo desea. La mayoría de los hombres tienen la necesidad biológica de descargar semen, de eyacular con regularidad. Queridas damas, ayúdennos. Por supuesto, los papeles podrían también invertirse. Es posible que sea el hombre quien no desea coito, y que sea la mujer quien desea orgasmo. De cualquier manera, es tu responsabilidad satisfacer a tu cónyuge.

Preparando a la mujer

Caballeros, ustedes deben solicitar las relaciones sexuales por adelantado. Aun antes de la primera etapa, si fuese posible. A la mayoría de las mujeres no le agradan las sorpresas.

Imagínense la siguiente escena. Ya es de noche, y el hombre yace acostado en su cama. La mujer está en el baño lavándose la cara, los dientes y haciendo lo que sea que hacen las mujeres antes de acostarse. El hombre no ha expresado nada sobre el sexo, de hecho no ha dicho mucho durante el día. Al salir del baño y acercarse a la cama, el hombre le da golpecitos a la almohada y le dice: "Querida, esta es tu noche de suerte". La mujer sonríe y dice: "Esperaba que dijeras eso, ¡mi muchachón!" Y seguido sube a la cama. No me parece. Lo que en realidad sucede es que ella se siente pasmada, atolondrada, completamente sorprendida. Para ella es imposible encender su motor sexual. Las mujeres no fueron creadas así.

Caballeros, las mujeres necesitan preparación. Necesitan ser enamoradas, amadas, y sus necesidades deben ser suplidas antes de que puedan estar listas para el coito. A diferencia de las fogosas chicas en la televisión y en las películas, las verdaderas mujeres no pueden producir el deseo sexual instantáneamente, o al momento de caer un par de pantalones.

Sexualmente hablando los hombres son como un interruptor eléctrico. Click, y quedan encendidos.

Las mujeres son como las luces en los campos de béisbol. Cierta noche me encontraba sentado con mis hijos en las gradas, esperando el comienzo del juego en el cual Sandy iba a participar. Al encargado se le había olvidado encender las grandes luces sobre el campo, y estaba completamente oscuro. El árbitro encendió el interruptor eléctrico, y todos observamos cómo las luces se iban encendiendo lentamente. Por lo menos tomó unos quince a veinte minutos para que lentamente, las luces fuesen incrementando su iluminación poco a poco, hasta que alumbraron a toda potencia. Me puse en pie y le grité al público que estaba en las gradas: "¡Sexualmente, esas luces se parecen a la mujer!" Por supuesto que no hice tal cosa. Pero lo estaba pensando. A una mujer le toma bastante tiempo para encenderse sexualmente.

Caballeros, separen un tiempo por adelantado para tener relaciones sexuales, y comiencen a preparar a sus esposas de antemano. Si desean tener relaciones esta noche, habla con ella lo antes posible. Menciónaselo durante la mañana, al mediodía, o al atardecer. ¡Vas a necesitar tiempo para que ocurra una conexión emocional!

Llámala por teléfono y pregúntale si es necesario que hagas algunos mandados camino a casa. Cuando llegues a tu casa, bésala en los labios y dile: "Te amo". Las próximas palabras que salgan de tu boca deberían ser: "¿Qué puedo yo hacer para ayudarte en la noche de hoy?" Entonces procede a hacer lo que ella te pida. Cumple con los quehaceres, prepara la mesa para la cena, y cualquier otra cosa que ella necesite.

Tan pronto los niños estén fuera del camino, pídele a tu esposa que se siente a tu lado a conversar. Háblale sobre el día que tuviste. Pregúntale qué está sucediendo en su vida, y procura escuchar, y escúchala atentamente. Oren juntos por las preocupaciones familiares, por los amigos y por su matrimonio. Al seguir este patrón, habrás preparado a tu esposa emocionalmente para un tiempo de intimidad física.

Encontrarás a una esposa que se siente amada por ti. Recibirás más caricias y besuqueo sin coito de lo que recibes ahora. Disfrutarás de más coito del que disfrutas al presente y hacer el amor será más apasionado y emocionante. Tu esposa te deseará, porque estarás emocionalmente conectado con ella.

Veintiuno

¡Hay que demostrar verdadera pasión!

El coito es una parte importante del matrimonio. Dios dice que así es. El coito es un hermoso cuadro de la intimidad matrimonial. Las tres áreas de la relación matrimonial —físico, emocional y espiritual— se juntan de manera poderosa en el acto del coito.

En el Cantar de los Cantares, Dios se ocupa de describir detalladamente el asombro, la majestuosidad y el placer del coito. En primera de Corintios 7:1-5, el Señor enseña claramente que el coito debe considerarse como una práctica regular y saludable entre esposo y esposa. En el aspecto físico del matrimonio, es el coito el que recibe toda la atención. El coito viene a ser lo máximo, lo tremendo, la atracción principal. Es de lo que todos desean hablar —la sociedad norteamericana está obsesionada con el tema del coito. Literalmente hay cientos de libros, videos y seminarios disponibles para ayudarte a ti y a tu cónyuge a mejorar en su relación sexual. El mensaje principal de todos estos programas de "ayuda" personal es: Si anhelas verdadera pasión, debes procurar tener buenas relaciones sexuales.

Escuchen, no estoy diciendo que el coito entre casados no es importante. Lo es. Mi deseo es que puedan disfrutarlo. Pero es cierto que el mismo ha sido grandemente exagerado. Se ha convertido en algo demasiado grande para su propio bien. Lo cierto es que no es lo único que hay en la avenida. De hecho, el coito no es la principal fuente de pasión física en el matrimonio. Es grandioso, pero no ocupa el primer lugar. ¿Saben cuál es la número uno, la principal fuente de pasión física en el matrimonio? Básicamente es el afecto físico.

¿Verdad que no suena muy emocionante? Pues, lo es. Son esos toques y caricias sin coito, los que a lo largo del día, componen el grueso de la relación física de una pareja. Cuando aprendes a usar correctamente este tipo de caricias, tu nivel de pasión aumentará como nunca antes.

Si sólo dependes del coito para llenar tu reserva de pasión, enfrentarás problemas. Sencillamente, no tienes relaciones sexuales tan a menudo. ¿Verdad que no tienes relaciones sexuales todos los días? Es imposible hacerlo. Bueno, no imposible, pero sí altamente improbable.

Preámbulo sólo por amor al preámbulo

Una de las clave para poder desarrollar verdadera pasión en el matrimonio es el frecuente uso (con la debida destreza) del afecto físico básico. No estoy hablando de una simple palmadita en la espalda, o en la mano o en los hombros. Me refiero a la actividad sexual. Lo que voy a describir a continuación encenderá tu motor. Se sentirá maravilloso. Será algo intenso.

Sin embargo, no es el coito. Es posible que termine en el coito, pero esa no es la idea. Es hacer uso del preámbulo por amor al preámbulo. Es el tipo de afecto sexual que no depende de nada. Estrictamente, y por sí solo, suple las necesidades que el coito no puede suplir.

Este tipo especial de preámbulo diario, hará maravillas por tu relación. Crea pasión. Logra la conexión entre ambos. Comunica amor. Se siente muy bien. Reduce las tensiones. Sirve de gran preparación para el acto sexual, sea que decidan hacerlo o no. Hasta puede jugar un papel importante al prepararlos a ambos para el diálogo. El preámbulo sin coito, puede ser particularmente efectivo en ayudar al hombre a abrirse en el área de la comunicación verbal. Siempre y cuando el hombre entienda desde el principio que el coito no se llevará a cabo necesariamente, este tipo de caricia puede motivarlo grandemente a dialogar en términos personales.

Ya puedo escuchar a algunos de ustedes decir: "Pero David, es que no comprendes, yo no soy una persona afectuosa. No soy de los que siempre están tocando y acariciando. Nunca lo he sido". Podría ser muy cierto que nunca lo hayas sido, pero esto puede cambiar. *Tiene* que cambiar, si es que deseas pasión, y todos sus beneficios.

Escúchenme, ustedes los que dicen no ser afectuosos por naturaleza. DEBEN CONQUISTAR TAL ACTITUD. Si no estuviesen casados, no importaría. Pero lo están, y su cónyuge necesita participar del toque, de las caricias y el preámbulo sexual. No te pido que hagas esto por nadie más. Sólo por tu cónyuge. No será fácil, pero puedes cambiar.

¡Dios no nos dio toda esta piel para nada! Está ahí para ser tocada y acariciada a menudo. Y para disfrutarla por completo. Y la mayoría de las veces, las caricias se llevarán a cabo fuera del coito.

A continuación encontrarás algunos principios prácticos en las tres áreas del preámbulo por amor al preámbulo.

Besos reales

Saben muy bien a lo que me refiero. Largo, tendido, un poco mojado y que suenen con gusto. ¡Cómo dicen los chicos, ¡acariciarse la cara! Me refiero a los besos con la boca abierta. ¡El tipo de beso que te golpean de verdad!

¡Cesen inmediatamente de estar dándose esos patéticos toquecitos labiales! "Te veré esta noche"... toquecito. "Que tengas un buen día, querida"... toquecito. "Bienvenido a casa"... toquecito. Dos pares de labios que están secos hasta el hueso, tocándose por un milisegundo. El toquecito labial es tan rápido que es casi imperceptible a la vista humana. ¿Por qué molestarse? Si la cosa va a ser así, mejor se dan la mano.

El beso de labio estirado, es otra miserable excusa de beso. En este tipo de beso, los labios se amontonan y se estiran una o más pulgadas de la boca hacia afuera. Es como si el "besador" desea mantener al "besado" lo más lejos posible. En mi investigación he descubierto que este es el tipo de beso que las abuelas de ochenta años le dan a sus bisnietos.

También tenemos el beso de efectos de sonidos especiales. En este ridículo panorama, el "besador" ni aun se digna a tocar los labios del cónyuge. ¡El "besador" sencillamente imita el sonido de un beso, y se aleja! Para mí, este sí que es un verdadero misterio. ¿Por qué emitir el sonido de un beso, cuando la persona se encuentra a tu lado? ¿Por qué no besarla?

En el matrimonio no hay lugar para estos tres tipos de beso. ¡Es que ni eso se les puede llamar! Creo que sería mejor besar una pared. Sentirás la misma emoción haciéndolo. La persona a quien besas, ¿es tu tía Sara? ¡Por supuesto que no! Estás besando a tu amada compañera matrimonial. ¡A tu amante! A tu compañera del alma. A tu preciosa enamorada. Darle menos que lo mejor de ti mismo, besos que sean de calidad superior, es un insulto a tu cónyuge y a tu matrimonio. ¡Es una ofensa! ¡Y hay que parar!

¿Crees que Salomón y la sulamita sólo se daban toquecitos labiales al besarse? ¿Crees que se daban besos con labios estirados? ¿En realidad crees que sus besos eran con efectos de sonidos especiales? ¡De ninguna manera! Esta pareja de enamorados vivieron hace miles de años, pero, querido, ¡ellos sabían cómo besar!

El segundo verso de Cantar de los Cantares, el segundo verso del libro es un verso sobre el beso.

¡Oh, si él me besara con besos de su boca! Porque mejores son tus amores que

Cantares 1:2

De este verso puedo derivar varias conclusiones. Primero, ¡debe ser la opinión de Dios que el besarse es muy importante! Segundo, la sulamita estaba hablando de besos-plural. ¡Esta dama deseaba múltiples besos! Tercero, hay un signo de exclamación al final de la primera frase. Obviamente esta mujer estaba hablando sobre besos reales. ¡Besos estremecedores, besos que hacen rechinar los dientes a gran velocidad!

No me sorprende que el libro de Dios sobre el amor físico dentro del matrimonio comienza con los besos. A menudo, son los besos los que inician toda la reacción en cadena del afecto físico.

¡Si ni puedes besar adecuadamente, no podrás hacer nada más! No podrás ir más allá en el área de lo físico. Te detienes en la puerta sin poder explorar a plenitud los maravillosos placeres que Dios tiene para ti en la intimidad física.

Cantar de los Cantares 4:11 es probablemente el verso más explícito sobre el tema de los besos en toda la Biblia:

Como panal de miel destilan tus labios, oh esposa;
miel y leche hay debajo de tu lengua...

La mayoría de los comentaristas bíblicos que investigué piensan que en este verso la leche y miel se refieren a las riquezas de la tierra de Canaán. ¡No es así! ¡Leche y miel, en este verso, no tiene nada que ver con la tierra de Canaán! No hay duda alguna que estos comentaristas tampoco saben cómo besar. ¡Los verdaderos besos saben bien! Y esto es lo que quiere decir el verso. Salomón asocia la leche y miel con la lengua de su esposa, y no con Canaán. Si esto no es alusivo a los besos estilo francés, entonces no sé qué más será.

¿Cuándo fue la última vez que fuiste besado decentemente por tu esposa? Apuesto que fue hace tiempo. Ustedes dos saben cómo besarse. Solían hacerlo a menudo. Ya es hora de que vuelvan a besarse así otra vez. Pueden comenzar inmediatamente. Antes de que se despidan temprano en la mañana, y cada cual tome su rumbo, dale un fogoso beso a tu cónyuge. No tiene que durar una hora. No tienen que tirarse por el piso mientras se besan. Pero sí puedes darle un beso que ambos recordarán. Y cuando vuelvan a verse al final de un largo día, habrá llegado el momento para otro gran beso. ¿Se hicieron falta durante el día? ¿Están felices de volver a verse otra vez? ¡Entonces, demuéstrenlo!

Debe haber una sesión de buenos besos cada día. Y durante las noches, cuando los chicos se hayan retirado a sus habitaciones, brinquen sobre el sofá y comiencen a besarse. Deben besarse mientras dialogan. Comienza a dar besos al estilo de Cantar de los Cantares 4:1, y verás cómo tu antiguo y olvidado amigo "Pasión" se une a ustedes en el sofá.

Abrazos reales

No hay nada mejor que un buen abrazo que cubra el cuerpo entero. Un abrazo donde todas las partes debidas están en contacto. Es íntimo. Es sexual. ¡Se supone que lo sea! No con tu tía Sara, por supuesto. ¿Pero con tu amante? Definitivamente.

Mi investigación en las sesiones de terapia y en los seminarios con cientos de parejas ha revelado tres errores principales a la hora de abrazarse.

El primer error es ser un pedazo de palo. Cuando intentas abrazar a un pedazo de palo, el mismo permanece firmemente erguido. Tieso como una tabla. Sus manos cuelgan rígidas. El abrazo lo recibe sin respuesta alguna. Actúa como si se estuviera tomando una dosis de aceite de castor u otra horrible medicina.

El segundo error consiste en ser un abrazador en forma de V. Muchas mujeres son culpables de este particular error. Este tipo de abrazador se para a la distancia y se inclina cautelosamente hacia el frente, extendiendo el pecho hacia adelante. Con su pecho casi rozando el pecho del abrazador y empujando el trasero hacia afuera, ella asume una postura en forma de V. Brevemente toca los hombros de la otra persona, y luego la suelta y da un paso hacia atrás.

El último error es el del abrazador de lado. En esta forma de abrazar, el abrazador se coloca sigilosamente a un lado de la otra persona. Digo sigilosamente, porque este tipo de persona se mueve con rapidez con tal de evitar cualquier abrazo frontal. Una vez en posición al lado de la persona, él o ella cuidadosamente colocan un brazo sobre los hombros de la persona, y le da un leve tirón. Los lados de ambos cuerpos se tocan brevemente, y allí terminó todo.

Todos estos errores son esfuerzos por evitar la completa intimidad que hay en un abrazo cara a cara. Si es a tu tía Sara a quien abrazas, entonces cualquiera de estos tres abrazos sería el adecuado. Pero cuando se trata de tu cónyuge, el único abrazo que deberías considerar es el abrazo donde hay contacto total, el abrazo que arropa todo el cuerpo. Cara a cara. Donde cada parte significativa del cuerpo está en contacto. Con los brazos alrededor del cónyuge. Bien apretados.

Y debe ser un abrazo que perdura. Demuestras que lo estás disfrutando y que no deseas que termine. Entre veinte y treinta segundos de duración es casi perfecto. Y quizá deseen besarse después del abrazo. Sería lastimoso desperdiciar tal oportunidad.

El verdadero placer

Dar placer es un arte perdido en la mayoría de los matrimonios. En la etapa inicial del matrimonio, las parejas invierten bastante tiempo complaciéndose. Ustedes saben, caricias sin coito. Besos profundos. Masajes y caricias. Todo era muy divertido, ¿verdad? Era excitante y vigorizador. Muy sensual. Pero después de varios años de vida matrimonial, ambos dejaron de satisfacerse mutuamente, ¿cierto? Si se acarician ahora, es sólo por un breve período de tiempo durante el preámbulo, antes del coito.

En el capítulo veinte hablo sobre el placer mutuo, así que no voy a hacer mención de lo mismo aquí. La idea que quiero compartir es que el darse placer mutuamente es usualmente una de las clave para que el hombre se abra en la comunicación. La mayoría de los hombres con los que he hablado, tienen un área en particular en su cuerpo, que cuando la misma es estimulada por la mujer, lo motiva a dialogar con mayor libertad. No. Señoras, no es la que ustedes están pensando. Es un área no-genital. Y no tiene nada que ver con el sexo pervertido.

Estas son algunas de las áreas en el cuerpo de los hombres que de acuerdo a lo que me han expresado provocan la conversación al ser estimuladas: el pelo, el cuero cabelludo, la espalda, la cara, las orejas (hablo en serio), el pecho, las piernas, los glúteos, los dedos, las pantorrillas, el extremo superior de los brazos y los pies.

Estos hombres me han dicho que cuando su mujer le da masajes en su zona "erógena", les provoca gran placer. También los hace sentirse amados, mimados y cerca a su esposa. Y cuando se sienten cerca de ella, las probabilidades de que se comuniquen personalmente son mayores. ¿Les suena esto un tanto loco, señoras? Pues no lo es. Verdaderamente funciona. Pónganlo a prueba. Pregúntale a tu esposo cuál es su área particular. Si él no está seguro, entonces comienza a experimentar. La vas a encontrar.

Caballeros, ustedes deben tener presente que el punto principal de esta estimulación física es la conversación. Sí es cierto que te excitarás sexualmente, pero no debes ejercer presión para tener relaciones sexuales. Debes darte la oportunidad a ti mismo de abrirte, y de conversar con la mujer. A veces, ambos decidirán desde el principio, antes de que comiencen las caricias, que sí desean el coito. Bien. Pero antes del coito, tienes que hablar con tu esposa.

En otras ocasiones, ambos decidirán de antemano que no tendrán relaciones sexuales. En tales casos, la estimulación de tu área especial producirá placer físico sin coito, y comunicación verbal. Y eso es todo. ¡Pero es suficiente!

Cuando Sandy me da masaje en los pies, soy como gelatina en sus manos. Siento que vuelo. Mis ondas cerebrales cambian. Me siento más cerca de ella y esto me coloca en el debido ambiente para el diálogo. Qué malo es para Sandy que mi área está en los pies, pero así es la vida.

El concentrarse en dar placer en un área específica del cuerpo, funciona también con las mujeres. Si vives con una ostra femenina, entonces debes intentar esta técnica con ella. Si tu mujer no es una ostra, aún así debes procurar darle placer. No será con la intención de hacerla hablar, ya lo hace muy bien. Esto la hará sentirse bien, y servirá para suplir su necesidad de intimidad sin coito.

Dedíquenle tiempo juntos a la pasión

Cada día deberías estar acariciando en forma significativa y apasionada. Debes hacerlo por la mañana. Durante la noche. Todas las veces que estén juntos. Y por supuesto, si tienen hijos, esperen hasta que estén solos para comenzar a practicar con mayor intimidad las caricias y el toque sin coito.

Acariciarse y complacerse va a ser difícil, debido a que ustedes dos son tan diferentes. Usualmente los hombres son quienes están más activos en las caricias y en la actividad sexual. Para ellos es más natural hacerlo. Los hombres piensan constantemente sobre tocar y acariciar. Caballeros, ¿verdad que ustedes desean tocar y acariciar todos los días? Las mujeres tienen que aprender a hacerlo.

Usualmente, las mujeres están más pendientes del diálogo y de la conexión emocional. Para las mujeres, es tan natural como lo es respirar. Las mujeres piensan sobre el diálogo y la conexión emocional constantemente. Señoras, ¿verdad que ustedes desean conversar cada día? Los hombres tienen que aprender a dialogar.

Damas y caballeros, ustedes deben laborar juntos para crear pasión cada día. O por lo menos, tres o cuatro veces por semana. Pero para lograr que haya pasión tres o cuatro veces por semana, deben estar intentándolo todos los días. Al igual que en las conversaciones, mientras más lo hagan, mayor serán las veces que experimentarán buenos y apasionados momentos.

Produzcan el ambiente propicio por medio del romance. Pasen por las etapas haciendo buen uso de las caricias y el diálogo. A veces, tendrán relaciones sexuales, otras veces no. Pero de todos modos, habrán experimentado la pasión. Si juntos se esmeran y practican este tipo de caricias y diálogo, ¿saben lo que sucederá? La pasión regresará a su relación. Y si continúan con la práctica, nunca la volverán a perder.

Veintidós

El secreto para alcanzar
la intimidad genuina

Estoy seguro que conoces personas que se han divorciado. ¿Alguna vez te has preguntado por qué tantos matrimonios terminan en divorcio? Nadie parece estar inmune ante la epidemia del divorcio. Las estrellas de cine, los atletas famosos, los ricos, los de clase media, los pobres, personas que conocen a Jesucristo y asisten a la iglesia, los ateos, miembros de tu familia, amigos, compañeros de trabajo y vecinos.

Muchos de ustedes que en este momento leen estas palabras habrán pasado por el sufrimiento del divorcio. Mirando hacia atrás: ¿Sabes dónde estuvo el fallo? Como que no lograban hacer funcionar debidamente la relación. Al final de la relación ya no quedaba amor alguno. No pudieron sobrellevar los obstáculos. Se sintieron incapaces de detener la muerte de su matrimonio.

Para las parejas que permanecen casados, la situación es bastante parecida. Los estudios nacionales sobre las personas casadas revelan un cuadro mixto. Por un lado, la mayoría dice estar satisfecho y contentos en su matrimonio. Por otro lado, la mayoría dice que sus matrimonios carecen de pasión y de intimidad profunda.

Muchos de ustedes seguramente pueden verse reflejados en estas conclusiones. Estás casado, y no tienes la más mínima intención de divorciarte. La mayor parte de las veces te sientes feliz. No eres un desdichado, pero tampoco gozas de una relación de íntima cercanía con tu cónyuge, como quisieras. Deseas más conexiones emocionales y físicas. A tu matrimonio le falta algo, ¿verdad que sí?

¿Por qué hay miles de matrimonios que terminan en divorcio? ¿Por qué razón las parejas que aún están casados no experimentan la intimidad que desean? Para esto hay una respuesta, y la misma te podría sorprender.

Autopsia de un matrimonio

Como psicólogo cristiano con una práctica privada, he tenido que hacer literalmente miles de autopsias a matrimonios. Cuando veo durante las terapias a clientes divorciados, los guío a través de un minucioso examen de sus fracasados matrimonios, porque es necesario que ellos reconozcan dónde estuvo el error —qué fue lo que mató su matrimonio. Si ellos logran descubrir las razones de las causas de su divorcio, habrá menos probabilidades de que en el matrimonio actual cometan los mismos errores.

En casi todas las autopsias matrimoniales que he hecho, he encontrado el mismo patrón, vez tras vez, tras vez. Las parejas comienzan su relación encaprichados el uno con el otro. Este sentir los une, y se casan. Durante el noviazgo y en los primeros años de vida matrimonial, disfrutan de bastante intimidad física y de cierta cantidad de intimidad emocional. Por un período de cuatro a diez años, corren impulsados por el combustible del masivo estallido inicial de hormonas y química. Y entonces, comienzan los problemas. Parece ser que se les acaba el combustible.

La relación que en días pasados era fácil y llevadera, ahora se ha hecho más difícil. Se fijan y se sienten cada vez más frustrados y molestos por sus diferencias. No pueden comunicarse ni resolver sus problemas. Sin darse cuenta, comienzan a jugar el juego de "control-intimidad" que describimos en el capítulo dos. Infructuosamente, ella intenta hacerlo hablar.

Él intenta infructuosamente tener relaciones sexuales con ella. Lentamente, ambos comienzan a alejarse el uno del otro, y a vivir sus vidas por separado.

Ambos pierden la intimidad física y emocional. Uno de los dos choca con la pared primero y dice: "Ya no te amo". Después de algunos débiles intentos por arreglar las cosas, todo termina. Y se divorcian.

He compartido con ustedes en capítulos previos de este libro, varias técnicas para reavivar la intimidad física y emocional. Estas técnicas funcionan. Pero, por sí solas, no son suficiente para librarte del tipo de matrimonio muerto que he descrito.

Aún no les he dicho cuál es el ingrediente final que deben tener para lograr el matrimonio que Dios desea para ustedes. Esta es la última y esencial pieza del rompecabezas. Este ingrediente hará que todos estos principios que he compartido (los cuales creo son de parte de Dios) se junten y logren su cometido.

Intimidad espiritual

Me refiero a la intimidad espiritual. Lo que está matando los matrimonios e impide que las parejas experimenten la verdadera y genuina intimidad es, la falta de conexión espiritual.

En Génesis 2:24, Dios nos da su definición de lo que es la intimidad heterosexual:

Por tanto, dejará el hombre a su padre y a su madre, y se unirá a su mujer, y serán una sola carne.

Una sola carne, es la idea que tiene Dios respecto a la intimidad en el matrimonio. ¿Qué significa una sola carne? Es la unión completa de un hombre y una mujer en tres áreas:

Físicamente   Dos cuerpos
Emocionalmente   Dos mentes
Espiritualmente   Dos almas

Dios dice que la verdadera y plena intimidad se logran solamente cuando ambos han establecido un vínculo en estas tres áreas.

Como individuos, la parte espiritual es la más importante. Sobre todas las cosas, somos seres espirituales. Por lo tanto, lo espiritual, debe también ser la parte más importante de nuestra relación matrimonial.

Gran parte del amor que siento por Sandy viene de Dios, y de la conexión que en Él compartimos. Por nuestra cuenta, usando nuestras fuerzas humanas solamente, no podríamos amarnos mutuamente de manera profunda y consistente. (Tampoco tú lo podrás hacer). Por muchos años, Sandy y yo intentamos amarnos por medio del esfuerzo humano. ¡Y en aquel entonces ambos éramos creyentes! Ambos amábamos a Jesucristo. Usamos técnicas para mejorar la intimidad física y emocional en nuestra relación. Funcionaron hasta cierto grado, pero no del todo. Se nos estaba acabando el combustible.

Entonces encontramos la respuesta: la intimidad espiritual. Unirnos espiritualmente ha sido la gran diferencia en nosotros. Por supuesto que todavía enfrentamos problemas, y a diario tenemos que esforzarnos y poner de nuestra parte en la relación matrimonial. Pero ahora, tenemos el poder para aplicar principios matrimoniales que son útiles y prácticos. Tenemos el poder para amarnos mutuamente. Y este poder no procede de nosotros. Procede de Dios mismo.

El secreto para lograr la intimidad genuina y perdurable en el matrimonio radica en llegar a ser una sola carne espiritualmente hablando. A esto le llamo un "vínculo espiritual". Un vínculo espiritual significa, colocar a Dios consistentemente en el centro de tu relación, y madurar como pareja en una relación personal con Él. Literalmente significa, permitir que Dios obre en tu matrimonio, sin impedimentos.

Cuando uno establece este vínculo espiritual, Dios crea intimidad genuina, profunda, y de la mejor calidad. Aun de por sí sola, unirse espiritualmente como pareja produce tal pasión y energía que no tiene comparación en la experiencia humana. El vínculo espiritual nutre también la intimidad física y emocional. Aunque entendemos que la intimidad espiritual es el área de una sola carne más importante, también entendemos la importancia del aspecto emocional y físico.

Un hecho muy poco conocido es que la fuente continua de la pasión física y emocional radica en el vínculo espiritual. Sin el aspecto espiritual, se te acaba el combustible en estas áreas. ¡Con el espiritual, continúas sin parar!

Permíteme hacerte una pregunta. ¿Nos crearía Dios como seres espirituales para luego permitirnos ignorar la parte espiritual de la relación matrimonial, y aún poder disfrutar de plena satisfacción e intimidad? No. No lo haría. Entonces, ¿tendrá sentido que si colocas a Dios en el centro de tu relación, Él te va a bendecir en cada una de las demás áreas? Eso es exactamente lo que hará. Lo está haciendo para Sandy y para mí, y lo hará por ti también.

Cómo establecer un vínculo espiritual

Te voy a decir qué es lo que debes hacer para establecer un vínculo espiritual. Hay dos requisitos previos y cuatro acciones. El primer requisito es que cada persona en la relación debe ser un creyente. Hoy día hay mucha confusión sobre lo que significa ser cristiano. Hay muchos que piensan que son cristianos, y en realidad no lo son.

Eres cristiano si tienes una relación personal con el Dios de la Biblia, por medio de su Hijo Jesucristo. Si crees que Jesucristo murió por tus pecados (todo lo malo que has hecho) y que literalmente se levantó de entre los muertos. Y si confías que Jesucristo ya perdonó todos tus pecados.

Si crees estas verdades, entonces eres cristiano. Conoces a Dios. Has pasado "de muerte a vida". Gozas del poder para vivir la vida de manera efectiva sobre esta tierra. Y cuando mueras, vivirás eternamente con Dios en el cielo.

Para establecer un vínculo espiritual, ambos cónyuges deben estar espiritualmente vivos. Si uno de los dos está muerto espiritualmente, no puede ocurrir un vínculo espiritual. Si eres soltero, no te salgas ni te cases con uno que no sea cristiano. No te puedes imaginar el dolor, la agonía y la desilusión que experimentarás si cometes tal error. No podrás disfrutar de intimidad espiritual con un compañero que no es cristiano.

Si estás casado con alguien que no es cristiano, tienes un duro camino por delante. Es necesario que en todo momento dependas del poder de Dios. El deseo de Dios es que permanezcas en la relación y que seas un vivo ejemplo de Jesucristo (1 Pedro 3:1). Continúa orando, y pídele a otros que también oren para que tu cónyuge crea en Jesús.

El segundo requisito es que cada persona debe estar creciendo espiritualmente. Conocer a Cristo es importante, pero crecer en Él es igualmente importante. Cada uno de ustedes necesita pasar tiempo individual y diario, a solas con Dios. Escojan un tiempo específico cada día (mañana, hora de almuerzo, noche) para encontrarse con Dios. Usen este tiempo para orar, leer la Biblia y quizás usar un devocionario.

Los dos crecerán en proporción diferente, y eso está bien, siempre y cuando ambos estén creciendo. Un importante aspecto del vínculo espiritual es poder compartir el crecimiento personal que cada cual experimenta. Uno no puede compartir lo que no tiene.

La primera acción en el vínculo espiritual es que sean honestos el uno con el otro. Cada compañero debe compartir detalladamente y de manera regular, sobre su vida, crecimiento y proceso espiritual. Comparte lo que estás haciendo en tu tiempo a solas con Dios. Comparte lo que has aprendido al estudiar la Biblia, y cómo lo estás aplicando a tu vida personal. Comparte tus victorias y derrotas espirituales, y cómo es que Dios te dirige y te guía a diario.

La segunda acción es reconocer que debemos rendir cuenta por nuestras acciones. Rendir cuentas significa que voluntariamente decides responder ante tu cónyuge por cada acción de tu vida espiritual. Estás de acuerdo con responder todas las preguntas que tu cónyuge te haga sobre tu vida espiritual. No tendrás secretos espirituales. No compartes a este nivel con nadie más, excepto con tu compañero de toda la vida, y te comprometes a cambiar y crecer espiritualmente en las áreas que tú y tu cónyuge decidan son necesarias. Trazas metas espirituales específicas y luego rindes un informe sobre tu progreso.

Digamos, por ejemplo, que le digo a Sandy que la próxima semana voy a compartir con el vecino sobre Jesucristo. Ella dirá: "Qué bien. Vamos a orar al respecto ahora mismo, y este sábado te preguntaré cómo te fue".

¿Cuáles son las probabilidades de que cumpla mi palabra y hable con el vecino? Son muy altas. Sencillamente porque me sometí a rendir cuentas. Ustedes necesitan comenzar a reunirse, los dos solos, y comiencen a ser honestos y a rendir cuentas espiritualmente.

Caballeros, como líderes que son, les toca a ustedes iniciar tales reuniones. Acérquense a la mujer y concreten una cita. Escríbelo en tu libreta de anotaciones y en la agenda. Entonces, cuando llegue la hora señalada, ve donde ella y comienza la reunión. Comienza con poco, y ve incrementando poco a poco. Podrían comenzar con un breve tiempo de oración dos o tres veces por semana. Entonces, auméntenlo a cuatro o cinco veces por semana. Conozco muchas parejas que incluyen un tiempo de oración como parte de su diálogo de treinta minutos todas las noches.

Imagínese a los dos sentados en el sofá, tomados de las manos y orando. ¿Verdad que es un lindo cuadro? Luego podrían comenzar añadiendo al tiempo de oración. Podrían reunirse por quince o veinte minutos, una vez por semana, para leer la Biblia, leer un devocionario, orar y evaluar por esa semana su estado espiritual.

Al ir sintiéndose cada vez más cómodos al dialogar sobre asuntos espirituales, comenzarán a compartir con mayor frecuencia y apertura sobre sus experiencias espirituales. El vínculo espiritual llegará a formar parte de su vida diaria. El contenido de sus conversaciones será cada vez más espiritual.

La tercera acción es que adoren juntos. Una parte poderosa del vínculo espiritual es reunirse para:

Adorar a Dios
Orarle a Dios
Meditar en Dios
Cantarle a Dios

Me refiero a la adoración pública. Es necesario que asistan juntos a una iglesia donde puedan adorar a Dios junto a otros creyentes. También es muy importante que asistan juntos a la escuela dominical. Compartan con otros creyentes y desarrollen buenas relaciones.

También me refiero a la adoración privada. Ustedes dos solos. En un lugar privado en su hogar. Imagínense lo siguiente: Mientras escuchan música de adoración, sentados juntos en el sofá. Alaban a Dios, lo adoran por sus atributos, oran y leen un pasaje de la Biblia.

No adorarían de esta forma todo el tiempo, pero quizás una vez cada varios meses. Intenten hacerlo, para ver cómo les va. Creo que les gustará. Sé que a Dios sí le va a gustar.

La última y cuarta acción es, servir a Dios juntos. Esto, en mi opinión, completa el ciclo. Servir a Dios como equipo los unirá espiritualmente de una manera única. Esto sería en adición a lo que individualmente estén haciendo por servir a Dios.

No es necesario que le sirvan al Señor juntos por el resto del año. Háganlo parte del año. El mejor lugar para servir a Dios juntos es en la iglesia local. No importa lo que hagan, siempre y cuando hagan algo juntos, y que lo disfruten:

Cuidado de niños
Enseñando en la escuela dominical
Evangelización
Discipulado
Visitas personales
Viaje misionero a corto plazo

También hay excelentes ministerios paraeclesiásticos: Cruzada estudiantil, Los Navegantes, Juventud para Cristo, ministerios en las prisiones, centros de crisis durante el embarazo, etcétera.

El vínculo espiritual es un proceso. No es algo que sucede de la noche a la mañana. Requiere tiempo y esfuerzo. Así sucede con todo lo que es de valor.

Son muy pocas las parejas que logran establecer un vínculo espiritual, y muy pocas son las parejas que gozan de una relación de "una sola carne" de la cual Dios habla en Génesis 2:24. Mi deseo es que ustedes puedan llegar a ser una sola carne. Dios desea que ustedes sean una sola carne. ¡Nunca podrán hacer uso de toda la intimidad en el área espiritual! ¡Nunca!

Permítanme hacer dos últimas preguntas.

¿Tienes una relación personal con Dios, a través de su Hijo Jesucristo? Si no la tienes, te animo a que establezcas esa relación ahora mismo. Sin ella, no podrás disfrutar del vínculo espiritual. No podrás aplicar los principios que hay en este libro, sin el poder de Dios en tu vida.

¿Has establecido un vínculo espiritual con tu cónyuge? Si no lo has hecho, recuerda que nunca podrás conocer lo que significa la verdadera intimidad. Te lo garantizo. Si logras establecer el vínculo espiritual, tendrás la oportunidad de experimentar verdadera y profunda intimidad. Lo máximo que podemos experimentar aquí en la tierra. Te lo garantizo. Dios te lo garantiza.

La decisión es tuya.